KB162508

Distributed
Ledger
Technology

–

수학 증명과 의사코드로 배우는 블록체인 구조와 알고리즘

분산원장
기술

로저 워튼호퍼 지음 | 박지훈, 류희원 옮김

IB 한빛미디어
Hanbit Media, Inc.

지은이 · 옮긴이 소개

지은이 **로저 워튼호퍼** Roger Wattenhofer

취리히 연방 공과대학교(ETH Zürich) 정보기술전자공학부 교수. 동대학에서 컴퓨터과학 박사학위를 땄고, 워싱턴 주 마이크로소프트 리서치, 브라운 대학교, 매쿼리 대학교 등에서 연구했다. 분산 시스템, 무선 네트워크, 모바일 시스템, 소셜 네트워크 등 컴퓨터과학과 IT의 알고리즘 및 시스템 측면에 관심이 크다. PODC, SPAA, SIGCOMM, STOC 등 저명한 국제 학회에 여러 논문을 발표했고, 2012년 SIROCCO 상을 비롯하여 여러 차례 수상한 경력이 있다.

옮긴이 **박지훈** alexjipark@gmail.com

현재 삼성리서치 시큐리티 팀에서 데이터 프라이버시를 연구하고 있다. 블록체인을 주제로 사내 벤처인 C-Lab 프로젝트를 주도했으며, 다년간 서비스 개발 및 머신러닝 프로젝트에 참여하였다. 블록체인과 IoT를 접목한 비즈니스 모델 개발로 시대적 패러다임의 긍정적 진보를 꿈꾸는 개발자이다. 옮긴 책으로 『비즈니스 블록체인』(공역), 『컨텍스트의 시대』(공역)가 있다.

옮긴이 **류희원** heewryu@gmail.com

이화여대 중어중문학 및 고려대 경영전문대학원(KMBA)을 졸업하고 싱가포르 난양이공대학(NTU) MBA 교환학기를 수료하였다. 기술, 문화, 예술 방면의 콘텐츠 생산자들이 창업을 통해 세상을 보다 이롭고 풍요롭게 만드는 일에 관심이 많다. 옮긴 책으로 『비즈니스 블록체인』(공역), 『내 작은 디자인 회사』(공역), 『컨텍스트의 시대』(공역)가 있다.

분산원장 기술

분산원장 기술

수학 증명과 의사코드로 배우는 블록체인 구조와 알고리즘

초판 1쇄 발행 2020년 9월 30일

지은이 로저 워튼호퍼 / **옮긴이** 박지훈, 류희원 / **펴낸이** 김태헌
펴낸곳 한빛미디어(주) / **주소** 서울시 서대문구 연희로2길 62 한빛미디어(주) IT출판부
전화 02-325-5544 / **팩스** 02-336-7124
등록 1999년 6월 24일 제25100-2017-000058호 / **ISBN** 979-11-6224-313-8 93000

총괄 전정아 / **책임편집** 이상복 / **기획** 이상복 / **편집** 백지선
디자인 표지 박정화 내지 김연정 / **조판** 백지선
영업 김형진, 김진불, 조유미 / **마케팅** 박상용, 송경석, 조수현, 이행은, 고광일 / **제작** 박성우, 김정우

이 책에 대한 의견이나 오탈자 및 잘못된 내용에 대한 수정 정보는 한빛미디어(주)의 홈페이지나 아래 이메일로
알려주십시오. 잘못된 책은 구입하신 서점에서 교환해드립니다. 책값은 뒤표지에 표시되어 있습니다.

한빛미디어 홈페이지 www.hanbit.co.kr / 이메일 ask@hanbit.co.kr

지금 하지 않으면 할 수 없는 일이 있습니다.
책으로 펴내고 싶은 아이디어나 원고를 메일(writer@hanbit.co.kr)로 보내주세요.
한빛미디어(주)는 여러분의 소중한 경험과 지식을 기다리고 있습니다.

옮긴이의 말

블록체인 업계에서 소위 '탈≉블(블록체인에서 탈출하다)'이라는 말이 유행이다. 블록체인의 이상을 좇아 참여했던 사람들이 여러 상황의 한계에 부딪혀 업계를 떠나는 것이다. 2017년 세상을 바꿀 와해성 기술 중 하나로 여겨진 블록체인은 현재의 암호화폐 시장만 보더라도 대중들의 기대치가 많이 사라진 듯하다. 역자 또한 개발자 및 비즈니스 종사자들로부터 꾸준히 블록체인의 '효용성'에 대해 도전과 의문을 받았다. 블록체인이 사용자들에게 약속한 특정 기능을 수행하기에는 너무 느리다는 비판이 주를 이룬다. 동일한 기능을 할 수 있는 클라우드나 다른 대체 기술들이 있는데 왜 굳이 블록체인을 도입해야 하는지 그 근본적인 이유를 설명해달라는 것이다. 역자는 그러한 질문을 받을 때마다 블록체인을 종교, 또는 이미 잘 동작하는 중앙집권적인 시스템에 대한 반기, 그리고 일종의 실험으로 빗대어 답을 한다. 블록체인이 그리는 이상적인 큰 그림에 동의한다면 실제 상황에서 쓰일 수 있는지 실험해볼 가치가 있다. 아직 블록체인은 실험 단계이며 탈블 또한 실험의 한 결과로 생각할 수 있다.

이러한 분위기와는 다르게, 역자가 최근 알게 된 해외 대기업의 한 임원은 예전보다 더 확고해진 자신만의 신념을 들려주었다(참고로 해당 대기업은 블록체인으로 인해 자신들의 영업이익이 흔들릴 수 있는 해외 결제 시스템이 주요 사업이다). 그는 왜 블록체인을 계속하느냐는 질문에 "인터넷을 새로이 만들고 싶기 때문에"라고 답했다. 중앙집권적 시스템으로 발전된 인터넷으로 인해 비효율적인 비즈니스들이 생겨났다는 게 그의 의견이다. 이러한 비효율을 없앨 수 있는 것이 블록체인이며, 수년간의 연구를 통해 그 가능성이 입증되고 있다는 것이다. 물론 앞에서 언급한 효용성 문제를 방지하려면 성능 향상을 위한 기술 개발은 필수적이다. 블록체인이 세상에 나온 지 11년 되었다는 것을 상기할 필요가 있다. 아직 갈 길이 멀지만 역자는 이러한 블록체인의 이상에 동의하기에 탈블하지 않았다.

블록체인이 가져온 혁신이 무엇인지 독자 스스로 재정의가 필요한 시기이다. 블록체인은 "분산화된 노드 간의 합의 알고리즘을 위해 경제학적 개념을 도입"했으며, 이를 활용한 "신뢰하는 중앙집권적 시스템 없는, 탈중앙화 기반 개인 간의 거래 시스템"으로 정의할 수 있다. 이 혁신이 어떤 의미를 가지는지 알기 위해서는 '합의 알고리즘'에 대한 명확한 이해가 필수적이다. 이 책이 수학 증명과 의사코드를 이용하여 독자의 이해를 도울 것으로 확신한다.

박지훈

서문

핀테크 업계에 종사하는 주변의 동료들과 어울리다 보면 블록체인이 인터넷만큼이나 엄청나게 큰 이슈임을 느낄 수 있다. 이들 핀테크 업계 동료 중 일부는 블록체인을 '분산 시스템에서 조율된 공통적인 관점에 대해 그 안의 참여자들이 동의하고, 그 안에서 일어나는 변경 내역이 추적되도록 구현하는 마법의 코드'로 이해하고 있었다. 사실 분산 시스템 커뮤니티에서 동의agreement 기술은 (블록체인이란 용어가 유래한) 비트코인 같은 암호화폐가 등장하기 훨씬 이전부터 존재했다. 다양한 개념과 프로토콜이 저마다의 장단점을 가지고 개발되었다.

이 책은 지난 수십 년간 출현한 접근법 중 가장 흥미로운 대상에 대하여 과학적으로 정밀한 개관을 제공하고자 한다. 핀테크 업계에 꼭 종사하지 않더라도 개발자라면 이 책을 통해 본인과 관련 있는 분산 시스템에 무엇이 약이 되고 독이 될지, 그리고 무엇이 가능하고 불가능한지 더 잘 이해할 수 있을 것이다.

이 책에 대하여

이 책은 장애 허용 분산 시스템을 구현하는 데 필요한 기본적인 기법들을 소개한다. 장애 허용 운영체제를 위한 다양한 프로토콜과 알고리즘을 소개하고, 해당하는 기법들을 구현한 실제 시스템에 대해 논의한다.

책은 각기 다른 여러 주요 아이디어를 개별 장으로 구성하여 독립적으로 다룬다. 각 장 서두에 해당 장의 내용에 동력을 불어넣을 간략한 이야기를 배치하였다. 인공지능artificial intelligence (AI) 알고리즘, 프로토콜, 정의 등의 내용을 형식을 갖춰 소개하여 독자가 아이디어를 어떻게 구현할 수 있을지 파악할 수 있다. 어떤 개념 또는 알고리즘의 당위성을 이해하고 그것이 무엇을 보장하는지 배울 수 있도록 일부는 정리theorem를 통해 증명했다. 그 외 대부분 텍스트는 부연 설명remark으로 이루어져 있다. 형식에 덜 구애받는 부연 설명은 여러 논의를 전개해나가고 보통 자연스레 다음 주제의 도입을 이끄는 역할을 한다. 물론 부연 설명을 모두 읽지 않고도 각 장의 핵심 내용을 파악할 수 있다. 또한 각 장마다 핵심 아이디어의 역사적 사실을 추가했으므로 시초가 되는 연구 자료를 찾아볼 수 있다.

2판을 찍으면서 오탈자 수정과 더불어 새롭게 두 개의 장을 추가했다. 그중 5장은 암호학을 소개하고, 9장은 블록체인 영역을 넘어 비트코인을 다룬다.

이 책에서 우리는 여러 환경과 상황에서 적용 가능한 모델, 그리고 그 모델들이 결합된 형태를 살펴볼 것이다. 책의 초점은 실제 영향력을 끼치는 프로토콜과 시스템에 맞추어져 있다. 즉, 이 책에서 다루는 개념들은 단순히 재미있어서라기보다는 실제 우리와 연관이 있기 때문에 선정된 것들이다.

물론, 책을 읽는 동안 재미도 느끼길 바란다!

CONTENTS

CHAPTER **1** 들어가며

CHAPTER **2** 장애 허용 & 팩소스

CHAPTER **3** 합의

CONTENTS

CONTENTS

제 **1** 장

들어가며

1.1 분산 시스템이란?

오늘날 컴퓨팅 시스템과 정보 시스템은 내재적으로 분산distributed되어 있다. 다수의 기업이 전 세계 오대륙 전역에 수백만의 기계를 설치하고 운영 중에 있다. 데이터는 다양한 데이터 센터에 저장되고 컴퓨팅 업무는 복수의 기계에서 수행된다. 스펙트럼의 정반대에서 보면 휴대폰도 분산 시스템이다. 폰으로 그 안의 데이터를 클라우드에 공유할 뿐만 아니라, 폰 자체에도 여러 저장 장치와 프로세싱 유닛이 갖추어져 있다.

더 나아가 컴퓨터는 현재까지 장구한 역사를 만들어왔다. 1970년대 초반 마이크로칩은 약 1MHz의 클록 속도로 동작했다. 10년 후 1980년대 초에는 컴퓨터의 속도가 약 10MHz의 클록 속도로 증가했고, 1990년대 초가 되자 100MHz에 달했다. 2000년대 초반에는 1GHz 프로세서가 처음으로 대중에 보급됐다. 2002년 사람들은 클록 속도가 3~4GHz인 프로세서를 구입할 수 있었다. 하지만 클록 속도를 높이는 일은 기본적으로 중지되었고 오늘날 컴퓨터를 구입한다고 해도 클록 속도는 3~4GHz 사이일 것이다. 발열 같은 물리적인 문제를 해결하지 않고서는 클록 속도를 무한정 높일 수 없기 때문이다. 2003년 이후로 컴퓨팅 아키텍처는 대부분 멀티코어의 혁신으로 이루어졌다. 컴퓨터들은 더 병렬적, 동시적, 분산적이 되고 있다.

요약하면 오늘날 거의 모든 컴퓨터 시스템은 분산형이며 그 이유는 다음과 같다.

- **지리**: 거대 조직/기업은 지리학적으로 분산된 속성을 갖는다.

- **병렬처리**: 컴퓨터 처리 속도를 증가시키기 위해 멀티코어 프로세서와 컴퓨팅 클러스터를 이용한다.

- **신뢰성**: 유실 방지를 위해 데이터를 다른 기계장치에 복제해둔다.

- **가용성**: 병목현상을 없애 지연을 최소화하고 빠른 접근이 용이하도록 데이터를 다른 기계장치에 복제해둔다.

분산 시스템은 저장 공간과 컴퓨터 처리 능력을 늘려주고, 위치적으로 분리된 공간을 연결해주는 등 많은 장점을 가진다. 그러나 동시에 결코 쉽지 않은 문제인 **조정**coordination 문제를 야기한다. 혹자는 이렇게 표현한다. 컴퓨터 한 대를 쓰다가 두 대를 쓰는 것은 마치 둘째 아이를 갖는 상황과 비슷하다고. 아이가 하나라면 쿠키 통에 있던 쿠키가 다 없어졌을 때 누구의 소행인지 찾는 일은 식은 죽 먹기다.

조정 문제는 우리 주위에 너무나 만연하여 갖가지 이름과 형태로 드러난다. 블록체인, 일관성, 계약, 동의, 원장, 이벤트 소싱 등 다양하다.

조정 문제는 분산 시스템에서 꽤 자주 등장할 것이다. 비록 분산 시스템의 개별 노드node(컴퓨터, 코어, 네트워크, 스위치 등 계산하는 모든 것을 뜻하는 일반적인 용어) 하나하나가 오류를 일으키는 경우는 몇 년에 한 번꼴로 발생하지만, 그런 개별 노드의 개수가 수백만 개라고 생각해보면 오류는 거의 매분 일어난다고 봐야 한다. 한 가지 긍정적인 사실은 복수의 노드로 움직이는 분산 시스템이 일부 몇 건의 오류 발생에 대해서는 그것을 견뎌내고 정상적으로 계속 구동해나갈 수도 있다는 사실이다.

1.2 이 책의 구성

이 책에서 가장 중심을 이루는 개념은 바로 **상태 복제**state replication이며, 이는 2장에서 다룬다(정의 2.8 참조). 분산 시스템의 모든 노드가 같은 순서로 동일한 일련의 명령(트랜잭션)을 사용하여 동의를 하는 경우 상태 복제가 달성된다. 핀테크 업계에서 상태 복제는 종종 블록체인(또는 원장)과 동의어로 이해된다. 시스템이 반드시 견뎌내야 하는 오류들에 따라 다양한 알고리즘을 사용하여 상태 복제를 달성할 수 있다.

2장은 여러 가지 기본 정의에 대한 동기와 그 내용을 소개한다. 그리고 일부 소수의 노드가 시스템 안에서 충돌crash을 일으켜도 상태 복제를 달성하는 알고리즘인 팩소스Paxos를 소개한다. 팩소스는 초창기 블록체인 프로토콜이지만 여전히 여러 분산 시스템에서 사용되고 있다. 3장에서는 정말 운이 나쁜 경우, 팩소스가 더 이상 개선을 이루지 못해 어떤 결정론적^{deterministic} 프로토콜로도 상태 복제를 해결하지 못할 수 있다는 사실을 배운다. 반대로 충돌 오류를 극복하고 상태 복제를 해결할 수 있는 고속의 무작위 동의 프로토콜이 있다는 긍정적인 사실도 소개한다.

4장은 단순한 충돌 오류에서 더 나아가 더욱 심한 악의적 행위가 발생할 경우에도 동기식 시스템과 비동기식 시스템 두 가지 모두에서 정상적으로 작동하는 프로토콜을 소개한다. 더불어 분산 시스템이 올바른^{correct} 것으로 간주되는 데 필요한 여러 가지 정의를 탐구한다.

5장은 이하 장에서 여러 효율적인 프로토콜을 구현하는 데 도움을 줄 암호학의 기본 원리들을 소개한다. 어떤 특정한 암호학 툴을 초점으로 심도 있는 설명을 진행하기보다는 기본적인 수학적 바탕을 설명한다.

6장에서는 앞 장에서 기초를 살펴본 암호학의 개념 중 메시지 인증^{authentication}을 활용할 것이다. 단순한 동기식 프로토콜 하나를 제시한 다음 PBFT$^{practical\ Byzantine\ fault\ tolerance}$를 소개한다. PBFT는 메시지 인증이 가능한 경우 상태 복제를 구현하는 최첨단 비동기식 프로토콜이다. 하이퍼레저 패브릭 등 유명한 여러 허가형^{permissioned} 블록체인 프로토콜이 PBFT의 일종이다.

7장은 이른바 쿼럼 시스템$^{quorum\ system}$ 연구를 통해 확장성에 관한 쟁점 사안을 살펴본다. 한 세트의 서버들이 컴퓨팅 능력이 모자라고 여기에 서버를 추가하여도 소용이 없을 경우, 쿼럼 시스템이 묘안이 될 수 있다.

8장은 비허가용(공개) 블록체인 프로토콜 사이에서 널리 쓰이는 약한 일관성$^{weaker\ consistency}$의 개념을 소개한다. 이에 해당하는 프로토콜로서 비트코인을 그 주요 예시로 삼아 기초 설명을 한다.

9장은 비트코인을 한층 깊숙이 살펴보며 매력적인 세부 사항들을 설명한다. 일례로 비트코인 스크립트가 어떻게 정의되는지 배울 수 있다.

마지막으로 10장에서는 약한 일관성의 개념을 활용하여 확장성이 뛰어난 분산 저장 솔루션을 제시한다.

챕터 노트

이 책에서 다루는 주제에 관하여 [AW04, CGR11, CDKB11, Lyn96, Mul93, Ray13, TS01] 같은 훌륭한 교과서가 이미 저술되었다. [Asp14]는 분산 시스템을 다룰 때 참고할 수 있는 무료로 이용할 수 있는 문서다. 이들은 이 책과 마찬가지로 대규모 분산 시스템에 초점을 두었기 때문에 내용상 겹치는 부분이 있다. 소형 멀티코어 시스템에 초점을 둔 교과서로 [HS08]도 있다.

이 책을 저술하고 개선하는 데 도움을 준 동료들, 파스칼 비시히[Pascal Bissig], 필리프 브란데스[Philipp Brandes], 크리스티안 데커[Christian Decker], 클라우스-튀코 푀르스터[Klaus-Tycho Förster], 아서 제르베[Arthur Gervais], 바버라 켈러[Barbara Keller], 리크 멜리스[Rik Melis], 다리야 멜니크[Darya Melnyk], 피터 로빈슨[Peter Robinson], 데이비드 스톨츠[David Stolz], 사라바난 비자야쿠마란[Saravanan Vijayakumaran]에게 감사의 뜻을 전한다. 이 책을 중국어 간체로 번역하고 오류를 정정하는 데 도움을 준 진촨 천[Jinchuan Chen], 창 린[Qiang Lin], 윤즈 쉐[Yunzhi Xue], 칭 주[Qing Zhu]에게도 감사를 전한다.

참고 문헌

[Asp14]   James Aspnes. Notes on Theory of Distributed Systems, 2014.

[AW04]   Hagit Attiya and Jennifer Welch. *Distributed Computing: Fundamentals, Simulations and Advanced Topics (2nd edition)*. John Wiley Interscience, March 2004.

[CDKB11] George Coulouris, Jean Dollimore, Tim Kindberg, and Gordon Blair. *Distributed Systems: Concepts and Design*. Addison-Wesley Publishing Company, USA, 5th edition, 2011.

[CGR11]   Christian Cachin, Rachid Guerraoui, and Lus Rodrigues. *Introduction to Reliable and Secure Distributed*

Programming. Springer Publishing Company, Incorporated, 2nd edition, 2011.

[HS08]   Maurice Herlihy and Nir Shavit. *The Art of Multiprocessor Programming*. Morgan Kaufmann Publishers Inc., San Francisco, CA, USA, 2008.

[Lyn96]   Nancy A. Lynch. *Distributed Algorithms*. Morgan Kaufmann Publishers Inc., San Francisco, CA, USA, 1996.

[Mul93]   Sape Mullender, editor. *Distributed Systems (2nd Ed.)*. ACM Press/Addison-Wesley Publishing Co., New York, NY, USA, 1993.

[Ray13]   Michel Raynal. *Distributed Algorithms for Message Passing Systems*. Springer Publishing Company, Incorporated, 2013.

[TS01]   Andrew S. Tanenbaum and Maarten Van Steen. *Distributed Systems: Principles and Paradigms*. Prentice Hall PTR, Upper Saddle River, NJ, USA, 1st edition, 2001.

제 2 장

장애 허용 & 팩소스

장애 허용 분산 시스템은 어떻게 구축할 수 있을까? 이번 장에서는 간단한 문제 제기를 시작으로 불리한 환경 속에서도 정상적으로 구동하는 시스템을 구현하기까지 솔루션을 차근차근 개선해나갈 것이다. 먼저 **팩소스**Paxos에 대해 알아보자.

2.1 클라이언트/서버

정의 2.1 (**노드**node) 시스템의 단일 행위자single actor를 **노드**라고 정의한다. 컴퓨터 네트워크에서는 컴퓨터들이 노드이고, 전통적인 클라이언트−서버 모델에서는 서버와 클라이언트들이 노드이다. 별도 설명이 없는 경우 시스템 속 노드의 총 개수는 n이다.

모델 2.2 (**메시지 전달**message passing) **메시지 전달 모델**에서, 우리는 하나의 노드 집합으로 구성된 분산 시스템을 연구한다. 각 노드는 로컬 연산local computation을 처리할 수 있고, 다른 모든 노드에 메시지를 송신할 수 있다.

부연 설명
- 우선 분산 시스템에서 존재 가능한 최소한의 노드 개수인 2개 노드로 논의를 시작할 것이다. 즉 멀리 떨어진 '서버' 노드 위에서 데이터를 조작(저장, 갱신 등)하고자 하는 '클라이언트' 노드가 있는 상황이다.

알고리즘 2.3 **나이브**naïve **클라이언트−서버 알고리즘**

   1: 클라이언트가 서버로 한 번에 하나의 명령을 송신한다.

모델 2.4 (**메시지 소실**message loss) **메시지 소실** 가능성을 내포하는 메시지 전달 모델의 경우 **어떠한** 특정한 메시지도 수신자에게 안전하게 도달할 것이라는 확신을 가질 수 없다.

부연 설명

• 이와 관련된 또 다른 문제로 메시지 변조^{message corruption}가 있다. 메시지가 수신 되었지만 메시지의 내용이 변조된 경우다. 실무에서는 메시지 소실보다 메시지 변조가 대처하기 쉽다. 체크섬과 같은 추가 정보를 추가하는 방법을 활용할 수 있기 때문이다.

• 메시지 소실이 있는 경우 <u>알고리즘 2.3</u>은 정상적으로 작동하지 않기 때문에 약 간의 개선이 필요하다.

알고리즘 2.5 수신 확인이 있는 클라이언트–서버 알고리즘

1: 클라이언트가 서버로 한 번에 하나의 명령을 송신한다.
2: 서버는 각 명령에 대해 수신 확인^{acknowledgement}한다.
3: 클라이언트가 일정 시간 내에 수신 확인을 받지 못하면, 재차 명령을 송신한다.

부연 설명

• 명령을 '한 번에 하나씩' 송신한다는 의미는 클라이언트가 명령 c를 보낼 때 그에 대한 수신 확인을 받을 때까지 새로운 명령 c'을 보내지 않는다는 뜻이다.

• 클라이언트가 송신한 메시지와 마찬가지로, 서버가 보내는 수신 확인 또한 중간에 소실될 수 있다. 따라서 이미 서버가 수신하여 실행한 메시지를 중복 송신할 소지가 있다. 이렇게 하나의 명령에 대한 중복 실행을 방지하기 위해 클라이언트는 각 메시지에 대해서 **순차 번호**^{sequence number}를 추가할 수 있다. 이렇게 되면 수신자가 중복 여부를 파악할 수 있다.

• 이 간단한 알고리즘이 오늘날 믿을 만한 다양한 프로토콜(가령 TCP)의 기초이다.

• 이 알고리즘은 다중 서버로 작업할 때도 쉽게 적용된다. 클라이언트가 각 명령을, 존재하는 모든 서버에게 송신하고, 각 서버로부터 모두 수신 확인을 받으면 그 명령은 성공적으로 수행되었다고 본다.

• 그렇다면 클라이언트가 여러 개일 때는 어떨까?

모델 2.6 (**가변적 메시지 지연** variable message delay) 동일한 두 개의 노드 사이에서 주고받는 여러 메시지 간에도 전달 시간에 차이가 날 수 있다.

부연 설명
• 이번 장 전체에 걸쳐 우리는 가변적 메시지 지연 모델이 가능하다는 사실을 가정한다.

정리 2.7 만약 알고리즘 2.5가 다중 클라이언트와 다중 서버 환경에서 쓰인다면, 서버들은 명령들의 순서를 서로 다르게 인식할 수 있기 때문에 불일치 상태 inconsistent state를 야기할 수 있다.

증명 두 개의 클라이언트 u_1과 u_2, 두 개의 서버 s_1와 s_2가 있다고 가정해보자. 두 개의 클라이언트 모두 서버의 변수 x를 업데이트하기 위한 명령을 내린다. 최초의 x는 0이다. 클라이언트 u_1이 $x = x + 1$ 명령을 보내고, 클라이언트 u_2는 $x = 2x$ 명령을 보낸다.

두 개의 클라이언트가 동시에 각 명령을 보낸다고 하자. 가변적 메시지 지연으로 인해 s_1이 u_1으로부터 먼저 메시지를 수신하고, s_2는 u_2로부터 먼저 메시지를 수신하는 경우가 발생할 수 있다.[1] 이러한 이유로 s_1은 $x = (0 + 1) \cdot 2 = 2$를 연산하고, s_2는 $x = (0 \cdot 2) + 1 = 1$을 연산한다.

---

1 u_1과 s_1이 그리고 u_2와 s_2가 각각 (지리적으로) 근접하게 위치하는 경우를 예로 들 수 있다.

정의 2.8 (**상태 복제**$^{state\ replication}$)　존재하는 모든 노드가 (잠재적으로 무한한) 순서를 가진 명령 c_1, c_2, c_3, ⋯을 동일한 순서대로 실행할 때, 노드의 집합이 **상태 복제**를 달성했다고 정의한다.

부연 설명

• 상태 복제는 분산 시스템에서 근본적인 요소다.

• 핀테크 업계 종사자들에게 상태 복제는 보통 블록체인과 동의어로 쓰인다. 8장에서 다룰 비트코인 블록체인은 실로 상태 복제를 구현한 한 가지 방식이다. 그러나 다른 장에서 다루겠지만, 다른 특징을 기반으로 같은 결과를 도출하는 대안들도 존재한다.

• 단일 서버만 있을 경우 상태 복제의 달성은 자명하기 때문에 그 단일 서버를 직렬 변환기^{serializer}[2]로 지정 가능하다. 직렬 변환기가 명령을 분배하도록 함으로써, 우리는 자동으로 요청에 순서를 매기고 상태 복제를 달성할 수 있다!

알고리즘 2.9　직렬 변환기를 사용한 상태 복제

> 1: 여러 개의 명령이 있을 때, 클라이언트는 명령을 직렬 변환기로 한 번에 하나씩 보낸다.
>
> 2: 직렬 변환기는 존재하는 모든 서버에 명령들을 한 번에 하나씩 전달한다.
>
> 3: 직렬 변환기가 모든 수신 확인을 받으면, 성공 내역을 클라이언트에 알린다.

부연 설명

• 이 알고리즘은 **주/종속 복제**$^{master-slave\ replication}$라고 불리기도 한다.

---

2 옮긴이_ 정보처리 장치의 입출력 장치는 문자의 여러 요소를 병렬의 신호로 주고받는데, 이것을 시간으로 순서화하여 직렬로 변환하는 기능 장치를 말한다.

- 노드에 오류가 발생하는 일은 없을까? 이 경우 직렬 변환기가 단일 장애점이 되어버린다!

- 상태 복제 해결 방안으로 좀 더 **분산된** 접근법은 없을까? 명령들의 일관된 순서를 직접 정하는 대신 다른 접근을 시도해보자. 즉 언제나 최대 하나의 클라이언트가 명령을 보내도록 확실히 하면 된다. 예를 들면 **상호 배제**^{mutual exclusion}를 이용해 각각 **잠금**^{locking} 상태로 만드는 것이다.

알고리즘 2.10 2단계^{two-phase} **프로토콜**

1단계

1: 클라이언트가 모든 서버에 락^{lock}을 요청한다.

2단계

2: **if** 클라이언트가 모든 서버로부터 락을 수신하면 **then**

3:　　클라이언트는 각 서버로 명령을 보내고 락도 반환한다.

4: **else**

5:　　클라이언트는 수신된 락을 반환한다.

6:　　클라이언트는 기다렸다가, 1단계부터 다시 시작한다.

7: **end if**

부연 설명

- 이 알고리즘은 조금씩 변형된 형태로 자주 사용되며, 여러 가지 이름으로 불린다. 한 예로 **2단계 잠금**^{two-phase locking}(2PL)이 있다.

- 또 다른 예로 **2단계 커밋**^{two-phase commit}(2PC) 프로토콜이 있는데, 이것은 보통 데이터베이스 환경에서 등장한다. 1단계는 전송을 위한 **준비**^{prepare} 단계이며, 2단계에서는 전송이 **커밋**^{committ} 또는 **중단**^{abort}된다. 2PC 프로세스는 클라이언트에서 시작되는 것이 아니라 **코디네이터**^{coordinator} 라고 불리는 지정된 서버 노드에서 시작된다.

- 노드들이 충돌^{crash} 발생 후 **복구**^{recover} 가능한 경우, 2PL과 2PC 모두 단일 직렬 변환기보다 높은 일관성을 보장한다고 알려져 있다. 특히 살아 있는^{alive} 노드들은, 충돌이 발생한 노드가 구동할 당시 시작된 전송 내역에 대해 일관성을 유지할 수도 있다. 이런 장점은 단계를 하나 더 추가한 3PC 프로토콜에서 한층 더 개선된다.

- 2PC 또는 3PC의 문제점은 예외 상황에서 어떤 반응을 보일지 명확히 정의되어 있지 않다는 것이다.

- 알고리즘 2.10이 정말 노드 충돌을 잘 해결할 수 있을까? 그렇지는 않다. 사실 알고리즘 2.9에서 소개한 단일 직렬 변환기보다 못하다. 알고리즘 2.9에서는 하나의 노드만 유효하면 되었지만, 알고리즘 2.10은 존재하는 **모든** 서버가 즉각 반응을 보여야 하기 때문이다.

- 서버의 부분집합에 대해서만 락을 확보할 경우에도 알고리즘 2.10이 실현 가능할까? 서버의 과반수만 확보하면 충분할까?

- 2개 이상의 클라이언트가 동시적으로 과반수 이상의 락을 획득하려고 시도하면 어떻게 될까? 클라이언트들은 교착 상태^{deadlock}에 빠지지 않기 위해 이미 획득한 락들을 버려야 할까? 만약 락을 버리기도 전에 충돌이 나면 어떻게 해야 할까?

- 나쁜 소식: 이상으로 볼 때 우리에겐 약간 더 복잡한 개념이 필요할 듯하다.

- 좋은 소식: 상태 복제를 달성하는 복잡한 방법은 잠시 미뤄두고, 먼저 단일 명령을 어떻게 실행시킬지에 대해 살펴보겠다.

2.2 팩소스

정의 2.11 (**티켓**^{ticket})　**티켓**은 락의 약한 형태로, 다음과 같은 속성을 가진다.

- **재발급 가능**: 서버는 이전에 발급한 티켓이 회수되지 않았더라도 티켓을 발급할

수 있다.

- **티켓 유효기간**: 클라이언트가 이전에 획득한 티켓 t를 사용해 서버에 메시지를 보내면, 서버는 티켓 t가 가장 최근에 발급된 티켓임이 확인되었을 때만 그 티켓 t를 받아들인다.

부연 설명

- 이제 충돌이 나도 문제없다. 클라이언트가 티켓을 소지한 동안에 충돌이 발생하더라도 서버들이 간단하게 새로운 티켓을 발급할 수 있기 때문에 잔여 클라이언트에게 해가 가지 않는다.

- 티켓은 카운터 기반으로 구현될 수 있다. 티켓이 요청될 때마다 카운터가 증가한다. 클라이언트가 티켓을 사용하려고 하면 서버는 그 티켓의 만료 여부를 판가름할 수 있다.

- 우리는 이 티켓들로 무엇을 할 수 있을까? 알고리즘 2.10에 소개한 락을 단순히 티켓으로 대체할 수 있을까? 2단계에서 과반수 이상의 티켓이 유효한지는 오직 클라이언트만 알기 때문에, 최소한 한 단계 이상의 과정을 추가해야 한다.

알고리즘 2.12   나이브 티켓 프로토콜

1단계

1: 클라이언트가 존재하는 모든 서버에 티켓을 요구한다.

2단계

2: **if** 서버 중 과반수 이상이 응답하면 **then**
3:      클라이언트는 각 서버에 티켓과 함께 명령을 송신한다.
4:      서버는 티켓이 유효한 상태에서만 명령을 저장하고 클라이언트에 응답한다.
5: **else**
6:      클라이언트는 대기하다가 1단계부터 다시 시작한다.
7: **end if**

3단계

8: **if** 클라이언트가 서버 중 과반수 이상으로부터 긍정 답변을 받았다면 **then**

9:　　　클라이언트는 서버들에게 그들이 저장한 명령을 실행하라고 지시한다.

10: **else**

11:　　　클라이언트는 대기하다가 1단계부터 다시 시작한다.

12: **end if**

부연 설명

- 이 알고리즘에는 몇 가지 문제가 있다. 과반수 이상의 서버에서 성공적으로 명령 c_1을 저장한 첫 클라이언트를 u_1이라 하자. 클라이언트 u_1이 막 서버들에게 이 사실을 알리기 직전(9행) 매우 속도가 느려졌고, 클라이언트 u_2가 몇몇 서버에 저장된 명령을 c_2로 업데이트했다고 가정해보자. 그다음 u_1이 서버들에게 명령을 실행하라고 지시한다면 일부 서버는 명령 c_1을 실행할 것이고 또 다른 일부 서버는 명령 c_2를 실행하게 된다!

- 이 문제를 어떻게 해결할 수 있을까? 앞선 예제에서 클라이언트 u_1보다 나중에 저장된 명령의 업데이트를 지시하는 클라이언트 u_2는, u_1보다 나중에 발급한 새로운 티켓을 사용했어야 한다. 클라이언트 u_1의 티켓이 2단계에서 받아들여졌기 때문에, u_2는 u_1이 이미 해당 서버에 그 값을 저장한 이후에 자신의 티켓을 획득했으리라고 추측할 수 있다.

- 한 가지 아이디어. 서버가 1단계에서 티켓을 전달만 하는 대신 현재 자신에게 저장된 명령에 대해서도 클라이언트들에게 안내한다면 어떨까? 그렇다면 u_2는 u_1이 이미 c_1을 저장했다는 사실을 알게 되므로 c_2를 저장하는 대신 u_1을 도와 마찬가지로 c_1을 저장할 수 있다. 두 클라이언트 모두 동일한 명령을 저장 및 실행하려 하기 때문에 누가 먼저 작업하는지 여부는 더 이상 문제가 되지 않는다.

- 그러나 모든 서버가 동일한 명령을 저장하지 않아 u_2가 1단계에서 복수의 명령이 저장되었다는 사실을 알게 되었을 경우는 어떻게 될까? u_2는 어떤 명령을

지지해야 할까?

- 무엇보다, 최근에 저장된 명령을 지지하는 것이 안전하다는 사실을 주지하자. 과반수 이상이 되는 경우가 아니라면 클라이언트는 어떤 명령이든 지지해도 된다. 하지만 과반수 이상의 값이 있다면 클라이언트들은 바로 그 값을 지지해야 한다.

- 따라서 어떤 명령이 가장 최근에 저장되었는지 판단하려면 서버는 명령을 저장하는 데 사용한 티켓 번호를 기억하면 된다. 그다음 1단계에서 이 번호를 클라이언트들에게 알려주는 것이다.

- 모든 서버가 각자 자신만의 티켓 번호를 사용한다면, 가장 최근의 티켓이 반드시 가장 큰 수라는 보장은 없다. 이 문제는 클라이언트들이 직접 티켓 번호를 제안한다면 해결된다!

알고리즘 2.13 팩소스Paxos

클라이언트 (제안자)	서버 (수용자)

초기화 ·

c ← 실행할 명령	$T_{max} = 0$ ← 발급 티켓 중 최댓값
$t = 0$ ← 시도할 티켓 번호	$C = \perp$ ← 저장된 명령
	$T_{store} = 0$ ← C 저장에 사용한 티켓

    1단계 ·

1: $t = t + 1$

2: 모든 서버에 티켓 t을 요구한다.

3:      **if** t가 T_{max}보다 크면 **then**

4:          T_{max}를 t로 설정한다.

5:          ok (T_{store}, C)로 응답한다.

6:      **end if**

2단계 . . . .

7: **if** 과반수 이상이 ok로 응답했다면 **then**

8:　　　최대 T_{store}가 포함된 (T_{store}, C)를 선택한다.

9:　　　**if** T_{store}가 0보다 크면 **then**

10:　　　　　$c = C$

11:　　　**end if**

12:　　　동일한 과반수에게 제안 propose(t, c)를 송신한다.

13: **end if**

　　　　　　　　　　　14: **if** t와 T_{max}가 동일하면 **then**

　　　　　　　　　　　15:　　　$C = c$

　　　　　　　　　　　16:　　　$T_{store} = t$

　　　　　　　　　　　17:　　　success로 응답한다.

　　　　　　　　　　　18: **end if**

3단계 . . . .

19: **if** 과반수가 success를 수신하면 **then**

20:　　　모든 서버에 execute(c)를 송신한다.

21: **end if**

부연 설명

- 앞서 살펴본 알고리즘과는 달리 클라이언트가 명확하게 새로운 시도를 시작하기 위해 1단계로 되돌아가는 과정이 없다. 이 알고리즘에서는 **언제든** 클라이언트가 현재 시도를 중지하고 새로운 시도를 할 결정권이 있기 때문에 그 과정이 필요 없다. 이 특징은 '적절한' 값을 선택하기 위해 시간 낭비를 하지 않도록 조심할 필요가 없다는 이점이 있다. 새로운 시도를 언제 할지 결정하는 것과 정확성이 독립적이기 때문이다.

- 티켓이 만료된 경우, 1단계와 2단계에서 서버들이 부정적인 응답을 보내도록 한다면 성능이 개선될 수 있다.

- 서로 다른 클라이언트 간의 분란^{contention}은 연속되는 시도 사이의 대기 시간을 무작위화함으로써 경감할 수 있다.

보조정리^{lemma} **2.14** 12행에서 클라이언트들이 송신한 메시지 propose(t, c)를 (t, c)**에 대한 제안**^{proposal}이라고 부른다. 서버의 과반수 이상에 그 메시지가 저장되면 (t, c)에 대한 제안이 **선택**^{chose}된다(15행). $t' > t$인 발급된 모든 propose(t', c')에 대해, 선택된 propose(t, c)가 있다면 $c' = c$가 성립한다.

증명 모든 티켓 번호 τ에 대해 최대 단 하나의 제안만 존재할 수 있다는 점에 주목하자. 클라이언트들은 τ를 위한 티켓의 과반수 이상을 득했을 경우에만 제안을 송신하기 때문이나(7행). 그러므로 모든 제안은 그것의 티켓 번호 τ로 고유하게 식별할 수 있다.

$t' > t$이고 $c' \neq c$인 propose(t', c')가 최소한 하나 존재하다고 가정하자. 그 제안들 중에 가장 작은 티켓 번호 t'을 가진 제안을 생각해보자. 이 제안과 propose(t, c) 두 가지 모두 과반수 이상의 서버를 대상으로 보내겼기 때문에, 두 가지 제안에 모두 연관된 서버들의 공집합이 아닌 교집합을 S라고 나타낼 수 있다. propose(t, c)가 선택되었으므로, 이것은 최소한 하나의 S의 부분집합인 $s \in S$ 서버가 명령 c를 저장했음을 의미한다. 즉 명령이 저장되었을 시점에서 티켓 번호 t는 유효한 상태였다. 따라서 s는 propose(t, c)를 이미 저장한 후 티켓 t'에 대한 요청을 접수했다고 볼 수 있다. 티켓 t'에 대한 요청이 티켓 t를 무효화하기 때문이다.

그러므로 propose(t', c')를 송신한 클라이언트는 s를 통해서 클라이언트가 이미 propose(t, c)를 저장했다는 사실을 학습했을 것이다. 클라이언트는 현재까지 가장 큰 티켓 번호로 저장된 명령에 따라 제안을 고르기 때문에(8행), 클라이언트 역시 명령 c를 제안했을 것이다. 클라이언트가 c에 따르지 않았을 가능성은 딱 한 가지 경우, 클라이언트가 서버를 통해 몇몇의 클라이언트가 $t^* > t$이고 $c^* \neq c$인 propose(t^*, c^*)를 저장했다는 사실을 수신했을 때밖에 없다. 그러나 이는 클라이언트는 $t < t^* < t'$인 propose(t^*, c^*)를 보냈을 경우인데, 이것은 처음에 했던 가정, 즉 t'이 t 이후에 발급된 제안 중 티켓 번호가 가장 작다는 가정과 모순이다.

정리 2.15 명령 c가 일부 서버에 의해서 실행되면, (결국) 모든 서버도 명령 c를 실행하게 된다.

증명 보조정리 2.14를 통해 일단 c에 대한 제안이 선택되면 그 후의 제안은 모두 명령 c를 위한 것임을 알게 되었다. 정확하게 첫 번째 propose(t, c) 하나가 선택되었기 때문에, 성공한 제안 모두가 명령 c를 위한 것이라는 결론이 나온다. 그러므로 명령 c 하나만을 위한 제안들만이 선택될 수 있고 클라이언트는 서버에 오직 명령 실행 지시만 내릴 수 있으므로, 제안이 한번 선택되면(20행) 각 클라이언트는 결국 모든 서버에 c를 실행할 것을 지시하게 된다.

부연 설명

- 가장 첫 번째로 제안에 성공한 클라이언트가 충돌을 일으키지 않으면 그 클라이언트는 곧바로 존재하는 모든 서버에 명령 c의 실행을 지시할 것이다.

- 하지만 서버들에 지시를 내리기 전 충돌을 일으켰다면 서버들은 다음 클라이언트가 성공해야만 그 명령을 실행할 것이다. 서버가 c의 실행 요청을 받으면, 서버는 그 이후에 도달하는 다른 모든 클라이언트에 이미 선택된 명령이 존재한다는 사실을 알릴 수 있으므로, 클라이언트가 제안 프로세스로 인해 시간을 낭비하지 않도록 돕는다.

- 팩소스는 절반 또는 그 이상의 서버가 충돌을 일으키면 개선을 이룰 수 없다는 사실에 주목하자. 그렇게 되면 클라이언트들이 더 이상 과반수를 달성할 수 없기 때문이다.

- 팩소스의 최초 버전에서는 제안자, 수용자, 학습자 세 가지 역할을 사용했다. 학습자의 역할 비중은 작다. 어떤 명령이 선택되었는지 다른 노드를 통해 학습

하는 게 전부다.

- 앞의 예에서는 각 노드에 오직 하나의 역할만 배정했다. 어떤 시나리오에서는 노드에 복수의 역할을 가질 수 있도록 허용하는 것도 효과적일 수 있다. 예를 들어 P2P 시나리오에서 노드들은 클라이언트인 동시에 서버 역할도 해야 한다.

- 클라이언트(제안자)는 반드시 프로토콜을 엄격히 따라야 한다. 그러나 다양한 시나리오에서 이것은 그다지 합리적인 가정이 아니다. 그런 시나리오에서 서버들의 집합은 제안자의 역할을 수행할 수 있으며, 클라이언트는 제안자에 접근하여 자신의 이름으로 값을 제안하게 된다.

- 여기까지는 노드들의 집합이 팩소스를 통해 오직 단일 명령에 대해 결정을 내리게 되는 과정만 알아봤다. 이러한 단일 결정을 팩소스의 **인스턴스**instance라고 부른다.

- 정의 2.8에서 살펴본 상태 복제를 위해서는 다중 명령을 실행할 수 있어야 한다. 이는 메시지마다 각각의 인스턴스에 인스턴스 번호를 붙이면 가능하다. 첫 번째 명령이 선택되면 어떤 클라이언트이든 새로운 인스턴스를 시작할지 결정하고 두 번째 명령을 대상으로 경쟁할 수 있다. 만약 서버가 첫 번째 인스턴스가 이미 결정되었다는 사실을 인지하지 못했다면 그 서버는 다른 서버들로부터 결정된 내역에 대해 공유받고 정보를 업데이트받을 수 있다.

챕터 노트

쓰인 지 오랜 시간이 흐르다 보니 2단계 프로토콜의 개념이 오로지 한곳으로부터 비롯되었는지 여부가 뚜렷이 밝혀진 바 없다. 이 개념에 대한 가장 초기 설명은 [Gra78]에서 찾을 수 있다.

레슬리 램포트는 1989년에 팩소스를 선보였다. 그런데 왜 팩소스라는 이름이 붙었을까? 램포트는 이 알고리즘을 가공의 그리스령 팩소스 섬 의회에서 발생한 문제에 대한 해결책으로 설명했다. 그는 자신의 아이디어를 너무도 사랑한 나머지 강의를 할 때 인디아나 존스 스타일의 고고학자로 분장하기도 했다. 논문을 제출했을 때 많은 학자는 논문에 열거된 수많은 입법자의 행위에 대한 설명에 혼란을 겪었다. 그들은 이 알고리즘의 목적과 의미를 이해하지 못했고, 결국 논문은 거절당했다. 그러나 램포트는 논문을 고치지 않았고, 훗날 "유머도 모르는 세상 사람들에게 심히 짜증이 났다"라고 회고했다. 몇 년이 지난 후 팩소스 같은 프로토콜이 다시 한번 필요해졌고, 램포트는 서랍 속에 묵혔던 자신의 논문을 동료들에게 보여주었다. 이번에는 동료들이 흡족해했다. 램포트는 손 하나 대지 않은 8년 전의 논문을 다시 한번 제출했고 그 논문은 받아들여졌다. 그러나 그 논문, [Lam98]은 실제로 정말 읽기 어렵게 쓰였기 때문에 램포트는 이후 팩소스에 대해 보다 간략하게 설명한 [Lam01]을 내놓았다.

참고 문헌

[Gra78]   James N Gray. *Notes on data base operating systems.* Springer, 1978.

[Lam98]   Leslie Lamport. The part-time parliament. *ACM Transactions on Computer Systems (TOCS)*, 16(2):133–169, 1998.

[Lam01]   Leslie Lamport. Paxos made simple. *ACM Sigact News*, 32(4):18–25, 2001.

제 3 장

합의

3.1 두 친구

앨리스는 밥과 저녁 약속을 잡으려 하는데 두 사람 모두 전화기의 '통화' 기능을 가능한 한 사용하지 않으려 하는 편이다. 그래서 앨리스는 오후 6시에 저녁 식사를 하자는 내용의 문자 메시지를 보낸다. 하지만 문자 송신이란 게 완벽한 것은 아니므로 그 메시지가 실제 밥의 휴대폰에 정상적으로 도달했는지는 확신할 수 없다. 따라서 앨리스는 밥이 수신 확인 메시지를 보내야만 약속 장소에 나갈 것이다. 그런데 밥 역시 자신이 보낸 수신 확인 메시지가 앨리스에게 잘 도착했는지를 확신할 수 없다. 수신 확인 메시지가 없을 경우, 앨리스 입장에서는 밥에게 저녁 식사를 하자고 보낸 메시지가 전달되지 않은 건지, 아니면 밥의 수신 확인 메시지가 중간에 소실된 건지 가늠할 수가 없다. 이 때문에 밥 역시 앨리스가 약속 장소에 나올 것임을 알려주는 확인 메시지를 보내주길 바란다. 하지만 이 메시지 역시 도중에 소실될 수 있다….

눈치챘는가? 앨리스와 밥이 상대가 약속 장소에 나올지 확신을 갖고자 하는 한, 이 메시지 교환은 영원히 끝나지 않는다!

부연 설명

• 방금 살펴본 프로토콜은 종료될 수가 없다. 만약 동의에 도달하는 프로토콜이 하나 이상 존재한다고 가정해보자. 그리고 P는 그중 동의에 도달하기 위해 필요한 메시지의 개수가 최소인 프로토콜이라고 해보자. 마지막 수신 확인이 소실될 수 있는 상황에서도 이 프로토콜이 반드시 동의에 도달해야 한다면 어떻게 해야 할까? 간단하게는 마지막 메시지를 항상 제외하면 된다. 그 결과 새롭게 탄생한 프로토콜 P'는 앞서 P보다 필요한 메시지 개수가 적다. 이는 P가 최소한의 메시지를 요구한다는 가정에 위배된다.

• 앨리스와 밥이 팩소스를 사용하면 어떨까?

3.2 합의

<u>2장</u>에서 우리는 동의^{agreement}라고 어렴풋이 불렀던 문제에 관하여 살펴봤다. 이제 그것의 한 변형을 좀 더 형식적으로^{formally} 명시하여 **합의**^{consensus}라고 부르고 이에 대해 살펴보겠다.[1]

정의 3.1 (**합의**^{consensus}) 총 n개의 노드가 있고, 최대 f개에서 충돌이 발생할 수 있다고 하자. 즉, 최소 $n - f$개의 노드는 **올바르다**^{correct}. 노드 i는 입력값 v_i로 시작한다. 이 노드들은 반드시 그 값들 중 하나를 선택해야 하며, 다음 요건을 충족시켜야 한다.

- **동의**^{agreement}: 올바른 노드들은 모두 동일한 값을 선택한다.

- **종료**^{termination}: 올바른 노드들은 유한한 시간 안에 종료된다.

- **유효성**^{validity}: 결정된 값은 반드시 어떤 한 노드의 입력값이어야 한다.

부연 설명

- 존재하는 모든 노드는 다른 모든 노드에 메시지를 보낼 수 있고, 신뢰할 수 있는 링크가 있어 송신한 메시지가 반드시 수신된다고 가정한다.

- 브로드캐스팅 수단은 없다. 한 노드가 한 메시지를 다수의 노드에 송신하고자 한다면, 여러 번 개별적으로 메시지를 보내야 한다.

- 팩소스는 앞에서 언급한 세 가지 요건을 모두 충족할까? 팩소스를 찬찬히 연구해보면 팩소스가 종료를 보장하지 않는다는 점을 눈치챌 것이다. 예를 들어 두 개의 클라이언트가 지속적으로 티켓을 요구할 때 둘 중 어느 하나도 과반수를 획득하지 못한다면 시스템은 영원히 옴짝달싹 못 히는 상태가 된다.

---

1 옮긴이_ agreement와 consensus는 엄밀하지 않은 문맥에서는 혼용되기도 하지만 이 책에서는 각각 '동의'와 '합의'로 옮겼다.

3.3 합의의 불가능성

모델 3.2 (**비동기식**asynchronous) **비동기식 모델**에서 알고리즘은 이벤트를 기반으로 한다('… 메시지를 수신하면, …을 하라'). 노드들은 하나의 동기화된 시각에 접근할 방법이 없다. 어떤 노드에서 다른 노드로 송신된 메시지는 상한은 없으나 유한한 시간 안에 도달할 것이다.

부연 설명

• 비동기식 시간 모델은 가변적 메시지 지연 모델(모델 2.6)을 형식화한 것으로 널리 사용된다.

정의 3.3 (**비동기식 런타임**asynchronous runtime) 비동기식 모델의 알고리즘에서 **런타임** (실행 시간)이란 실행 시작부터 최악의 경우 완료까지 걸린 시간 단위의 총 개수 (모든 유효 입력, 모든 실행 시나리오)이다. 이때 각 메시지는 **최대** 하나의 시간 단위만큼 지연이 있다고 가정한다.

부연 설명

• 이 알고리즘은 실제 발생 지연과는 별개로 작동해야 한다. 다시 말해 이 알고리즘 설계에서 최대 지연은 사용될 수 없다.

• 비동기식 알고리즘들은 다음과 같은 시스템으로 생각할 수 있다. 로컬 연산은 메시지 지연보다 훨씬 빠르기 때문에 아주 단시간에 작업이 이루어진다. 노드들은 이벤트가 일어나야만(메시지가 도달해야만) 활성화 상태가 되고, 이에 따른 어떤 행위는 '즉시' 수행된다.

• 비동기식 모델에서는 충돌 오류가 상당히 심각하게 일어날 수 있음을 곧 알아볼 것이다. 특히, 비동기식 모델에서는 결정론적 장애 허용 합의 알고리즘이 존재하지 않는다. 이진binary 입력에 대해서조차 마찬가지다.

정의 3.4 (**구성**^{configuration}) 우리는 시스템이 (실행 단계의 어느 시점에서든) **구성** C에 따라 완전히 정의된다고 말한다. 이때 구성은 모든 노드의 상태와 전송 중에 있는(전송되었으나 수신이 완료되지는 않은) 모든 메시지를 포함한다.

정의 3.5 (**일가성**^{univalent}) 결정값이 차후에 일어나는 일과 독립적으로 정해지는 경우 그 구성 C를 **일가성**이 있다고 부른다.

부연 설명

• 값 v에 대해 일가성인 구성은 v**가성**^{v-valent}이라고 부른다.

• 모든 노드가 일가임을 알 수 없는 때에도 구성은 일가성일 수 있다. 예를 들어 모든 노드가 값 0으로 시작하는 구성은 0가성이다(유효성 요건으로 인해).

• 입력값을 이진으로 한정하면, 어떠한 합의 알고리즘에서도 결정값 또한 이진일 것이다(유효성 요건으로 인해).

정의 3.6 (**이가성**^{bivalent}) 노드들이 0 또는 1로 결정할 때 구성 C는 **이가성**이 있다고 부른다.

부연 설명

• 결정값은 메시지들을 전달받는 순서나 충돌 사건에 의존한다. 즉, 결정은 아직 정해진 게 아니다.

• 알고리즘의 초기 구성을 C_0라고 하자. 노드들이 C_0라는 것은, 모든 노드가 초기 코드를 실행하였고, 입력값에 따라 일부 메시지를 발송했을 수도 있다는 뜻이다. 이러한 초기 메시지들은 C_0에 포함되어 있다. 달리 말하면, C_0에서 노드들은 첫 번째 메시지가 도착하기를 기다리고 있다.

보조정리 3.7 입력값 집합 V에서 최소한 하나의 선택이 존재하므로, $f \geq 1$이면 초기 구성 C_0은 이가성이다.

증명 부연 설명에서 설명했듯이, C_0는 노드들의 입력값에만 의존한다. 입력값의 배열 $[v_0, v_1, \cdots, v_{n-1}]$을 V라고 하자. 여기서 v_i는 노드 i의 입력값을 의미한다. $n + 1$개의 배열 $V_0, V_1, \cdots, V_n$을 만든다. 이때 V_i에서 인덱스 i는 해당 배열에서 몇 번째 입력값까지가 1인지를 가리키는 위치다. 즉 $V_0 = [0, 0, 0, \cdots, 0]$, $V_1 = [1, 0, 0, \cdots, 0]$ 등이고 $V_n = [1, 1, 1, \cdots, 1]$이다.

V_0에 해당하는 구성은 0가성이어야 하므로 유효성 요건은 충족한다. 마찬가지로 V_n에 해당하는 구성은 1가성이어야 한다. 시작값이 V_i인 모든 초기 구성은 일가성이라고 가정하자. 그러면 V_b에 해당하는 구성은 0가성이고 V_{b+1}에 해당하는 구성은 1가성이 되는 적어도 하나의 인덱스 b가 존재해야 한다. 여기서 V_b와 V_{b+1}이 다른 점은 b번째 노드의 입력값뿐이라는 것을 알 수 있다.

알고리즘이 적어도 하나의 실패를 허용할 수 있다고 가정했으므로, 즉 $f \geq 1$이므로, 다음과 같은 실행을 살펴보자. b를 제외한 모든 노드가 각각 V_b와 V_{b+1}에 따르는 초깃값으로 시작한다. 이때 노드 b는 '극단적으로 느리다'. 즉 종료 요건을 충족하기 위해 모든 노드는 b가 충돌 났다고 가정할 수밖에 없도록 b에서 발송되는 모든 메시지를 스케줄링한다. 노드들이 b 값을 결정할 수 없고 모든 초기 구성이 일가성을 지닌다고 가정했으므로, 노드들은 b의 입력값과 상관없이 v 값을 정할 것이다. V_b는 0가성이므로 v는 0이다. 하지만 V_{b+1}은 1가성인 것을 알기 때문에, v는 1일 수밖에 없다. v가 0과 1 둘 다 될 수는 없으므로 모순이다.

정의 3.8 (**전이**transition) 구성 C에서 다음 구성 C_r로의 **전이**는 이벤트 $\tau = (u, m)$, 즉 노드 u가 메시지 m을 받는 것으로 특징지을 수 있다.

부연 설명
- 전이란 앞에서 살펴본 비동기 모델의 '이벤트'를 형식적으로 정의한 버전이다.
- 전이 $\tau = (u, m)$은 구성 C에서 m이 아직 전송 상태에 있을 때 오직 C에만 적용 가능하다.

- C_τ은 다음과 같은 점에서 C와 다르다. 먼저 m은 더 이상 전송 상태가 아니다. 다음으로 u는 다른 상태를 가질 수 있다(u가 m에 기반하여 상태를 갱신할 수 있으므로). 끝으로 u가 전송한 새로운 메시지가 전송 상태에 있을 수 있다.

정의 3.9 (**구성 트리**^{configuration tree}) **구성 트리**는 구성들로 이루어진 방향성 트리^{directed tree}이다. 루트는 구성 C_0이며 이는 입력값들인 V로 완전히 특정지어진다. 트리의 간선^{edge}은 곧 전이를 일컫는다. 모든 구성은 적용 가능한 전이를 진출 간선^{outgoing edge}으로 가지고 있다.

부연 설명

- 어떤 알고리즘이든, 입력값들의 모든 선택에 대해서 단 **하나**의 구성 트리가 존재한다.

- 리프^{leaf}는 해당 알고리즘의 실행이 종료되었을 때의 구성이다. 여기서 종료란 시스템 전체적인 종료를 뜻한다. 즉, 더 이상의 전이는 없는 상황이다.

- 루트에서 리프까지의 모든 경로는 알고리즘의 비동기적 실행 중 가능한 하나이다.

- 리프들은 일가성이어야 한다. 그렇지 않으면 알고리즘이 동의 없이 종료된다.

- 시스템이 구성 C에 있을 때 노드 u에 충돌이 나면, $(u, *)$의 모든 전이는 구성 트리에서 C로부터 삭제된다.

보조정리 3.10 $u_1 \neq u_2$일 때 두 전이 $\tau_1 = (u_1, m_1)$과 $\tau_2 = (u_2, m_2)$ 모두 C에 적용 가능하다고 가정하자. 구성 C에 전이 τ_1을 먼저 적용하고 그다음 τ_2를 적용한 구성을 $C_{\tau_1\tau_2}$라고 하고, $C_{\tau_2\tau_1}$ 또한 마찬가지로 정의한다. 이때 $C_{\tau_1\tau_2} = C_{\tau_2\tau_1}$이 여전히 성립한다.

증명 m_2가 아직 전송 중이고 τ_1은 u_2의 상태를 변화시킬 수 없기 때문에 τ_2는 C_{τ_1}에 적용 가능함을 알 수 있다. 동일한 논리로 τ_1은 $C_{\tau_1\tau_2}$에 적용 가능하다. 따라서 $C_{\tau_1\tau_2}$와 $C_{\tau_2\tau_1}$는 모두 잘 정의되어 있다. 두 전이가 서로 완전히 독립적이기 때문에, 두 노드가 동일한 메시지를 소비한다는 의미는 동일한 상태 전이와 동일한 메시지의 전송을 의미하고 이는 $C_{\tau_1\tau_2} = C_{\tau_2\tau_1}$으로 귀결된다.

정의 3.11 (**임계 구성**^{critical configuration}) 구성 C가 이가성일 때 구성 트리에서 C의 직계 자손인 모든 구성이 일가성이면, C를 **임계**에 다다랐다고 한다.

부연 설명

• 약식으로는 C가 실행의 마지막 단계나 결정이 명확하지 않을 때 임계에 있다고 한다. 어느 노드로부터든 다음 메시지가 처리되자마자 결정이 확정될 것이다.

보조정리 3.12 시스템이 이가성 구성이라면, 유한한 시간 내로 임계 구성에 도달해야 한다. 그렇지 않으면 항상 합의를 해결할 수 없다.

증명 적어도 하나의 이가성 초기 구성이 있음을 상기하자(보조정리 3.7). 이번 구성이 임계 상태가 아니라고 가정하면, 다음 구성 중 적어도 하나는 이가성을 지녀야 한다. 따라서 시스템은 이번 구성에 진입할 수 있는데, 이번 구성 또한 임계 상태가 아니라면 이후 다른 이가성 구성으로 진행해야 할 것이다. 임계 구성이 없는 한, 이 불운한 스케줄링(전이의 선택)은 항상 시스템을 또 다른 이가성 구성으로 이끌 것이다. 알고리즘이 일가성 구성으로 도착할 수 있게 **강제**하는 유일한 방법은 임계 구성에 도달하는 것이다.

그러므로 임계 구성에 도달하지 않은 시스템은, 이가성 구성으로 종료하거나 아예 종료하지 않거나 둘 중 하나의 실행을 가진다고 결론 내릴 수 있다.

보조정리 3.13 구성 트리에 임계 구성이 존재한다면, 충돌하는 단일 노드는 이가성 리프를 생성할 수 있다. 즉, 충돌은 알고리즘이 동의에 이르는 것을 방해한다.

증명 C를 구성 트리 내 임계 구성이라하고 T를 C에 적용 가능한 전이들의 집합이라고 하자. 두 전이 $\tau_0 = (u_0, m_0) \in T$ 그리고 $\tau_1 = (u_1, m_1) \in T$가 있다고 하고, C_{τ_0}은 0가성, C_{τ_1}은 1가성이라 하자. C가 임계 구성이므로 T는 이 전이들을 포함해야 한다.

$u_0 \neq u_1$이라 하자. 보조정리 3.10에 따르면 C는 $C_{\tau_0 \tau_1} = C_{\tau_1 \tau_0}$ 임을 알 수 있다. 이 구성은 C_{τ_0} 을 따르기에 0가성이어야 한다. 하지만 또한 C_{τ_1} 을 따르기도 하므로 1가성이어야 한다. 이는 모순이므로 $u_0 = u_1$이 성립한다.

그러므로 특정 노드 u를 선택하여 전이 $\tau = (u, m) \in T$가 0가성 구성으로 이어지게 해야 한다. 앞에서 본 것과 같이, 1가성 구성으로 이어지는 T 내의 모든 전이는 노드 u에서도 일어나야 한다. C가 임계 상태이므로 적어도 한 번의 전이가 존재하게 된다. 이러한 논리를 반복적으로 적용하다 보면, 0가성 구성에 이르는 T 내의 모든 전이는 노드 u에서도 일어나야 하고, C가 임계 상태이므로 이가성 구성으로 이어지는 T 내의 전이는 존재하지 않는다. 그러므로 C에 적용 가능한 **모든** 전이는 **동일한** 노드 u에서도 발생하게 된다!

시스템이 구성 C에 있는 동안 노드 u가 충돌한다면, **모든 전이는 제거되고** 시스템은 C에 고립될 것이다. 즉, C 에서 종료된다. C는 임계 상태이므로 이가성이며, 알고리즘은 동의에 이르는 데 실패한다.

정리 3.14 비동기 모델에서 $f > 0$이라면 항상 합의에 이르는 결정론적인 알고리즘은 존재하지 않는다.

증명 특별한non-trivial 사례 중 가장 간단한 경우인 입력값이 두 종류인 경우를 가정하자. 보조정리 3.7에 따라 우리는 이가성을 지닌 적어도 하나의 초기 구성 C가 있어야 함을 안다. 보조정리 3.12에 따르면, 알고리즘이 합의에 이를 수 있다면 이 이가성 구성 C에서 시작하는 모든 실행은 임계 구성에 다다라야 한다. 하지만 알고리즘이 임계 구성에 도달한다면, 단일 충돌조차 동의를 방해할 수 있다(보조정리 3.13).

부연 설명

- $f = 0$이라면, 각 노드는 간단하게 자신의 값을 다른 노드들에 전송하고, 모든 값을 기다리고 최솟값을 선택하면 된다.

- 하지만 단일 노드가 충돌할 경우, 비동기 모델에서 합의에 도달할 결정론적 해결책은 존재하지 않는다.

- 이 상황을 어떻게 개선할 수 있을까? 예를 들어 각 노드에 임의성을 부여하는 방법이 있다. 즉, 각 노드가 동전 던지기를 하는 방식이다.

3.4 랜덤 합의

알고리즘 3.15 랜덤 합의(벤-오어[Ben-Or])

1: $v_i \in \{0, 1\}$ ← 입력 비트

2: round = 1

3: decided(결정 여부를 나타내는 변수) = false

4: myValue(v_i, round)를 브로드캐스트한다.

5: **while** true **do**

　　제안

6:　　현재 라운드의 myValue 메시지 과반수가 도착할 때까지 기다린다.

7:　　**if** 모든 메시지가 동일한 값 v를 포함한다면 **then**

8:　　　　propose(v, round)를 브로드캐스트한다.

9:　　**else**

10:　　　　propose($\perp$, round)를 브로드캐스트한다.

11:　　**end if**

12:　　**if** decided **then**

13:　　　　myValue(v_i, round+1)를 브로드캐스트한다.

14:　　　　v_i를 결정하고 종료

15:　　**end if**

16:       현재 라운드의 propose 메시지 과반수가 도착할 때까지 기다린다.

17:       **if** 모든 메시지가 동일한 값 v를 제안한다면 **then**

18:           $v_i = v$

19:           decided = true

20:       **else if** 적어도 v에 대한 제안이 하나라도 있다면 **then**

21:           $v_i = v$

22:       **else**

23:           v_i를 임의로 선택한다. $Pr[v_i = 0] = Pr[v_i = 1] = 1/2$ (0 또는 1일 확률이 1/2)

24:       **end if**

25:       round = round + 1

26:       myValue$(v_i,$ round$)$를 브로드캐스트한다.

27: **end while**

부연 설명

알고리즘 3.15의 아이디어는 매우 간단하다. 모든 노드가 동일한 입력 비트로 시작하여 합의를 쉽게 만들거나, 대다수의 노드가 우연히 동일한 출력값이 나올 때까지 동전 던지기를 한다.

보조정리 3.16 변수 decided를 true로 설정한 노드가 하나라도 있는 한, 알고리즘 3.15는 항상 진행을 보이며 어떤 노드가 충돌하는지와 독립적이다.

증명 이 알고리즘에서 노드가 대기하는 단계는 6행, 16행 둘뿐이다. 노드는 메시지를 전송하기 위해 과반수의 노드를 기다리기만 하며 $f < n/2$이기 때문에, 해당 노드는 진행하기에 충분한 메시지를 항상 받게 된다. 올바른 노드가 변수 decided를 true로 결정하고 종료하지 않는 한 말이다.

보조정리 3.17 알고리즘 3.15는 유효성 요건을 충족한다.

증명 합의의 유효성 요건은, 입력값을 이진으로 제한했을 때 다음에 해당한다. 모든 노드가 v로 시작하면, v가 선택되어야 한다. 그렇지 않다면, 0 또는 1만 받아들일 수 있으며 유효성 요건은 자동적으로 충족된다.

모든 노드는 v로 시작한다고 가정하자. 이 경우 모든 노드는 첫 번째 라운드에서 v를 제안한다. 모든 노드가 v에 대한 제안만 듣게 되므로, 모든 노드는 v로 결정하고(17행) 다음 라운드에서 while 루프를 빠져나온다.

보조정리 3.18 알고리즘 3.15는 동의 요건을 충족한다.

증명 8행에서 **과반수**가 v를 듣는다면, 노드들은 단지 v에 대한 제안을 보내기만 할 뿐이므로 동일한 라운드에서 0과 1에 대한 제안이 동시에 일어날 수 없다.

라운드 r에서 u가 v 값을 결정하는 첫 노드라고 하자. 그러면 이 노드는 r에서 v에 대한 과반수 제안을 수신했다(17행). 노드가 값에 대해 과반수 제안을 받을 때, 노드는 이 값에 받아들이며 다음 라운드에서 종료한다. r에서 다른 값에 대한 제안은 있을 수 없기 때문에, r에서 다른 값으로 결정하는 어떤 노드도 존재하지 않음을 알 수 있다.

보조정리 3.16에서는 어떤 노드도 결정하지 않는 한 노드들이 진행한다는 것만을 보여줬기에, u가 종료한다면 어떤 노드들도 무한 루프에 빠지지 않는다는 것에 대해 주의할 필요가 있다.

노드 $u' \neq u$는 다음 두 시나리오 중 하나일 것이다. 라운드 r에서 v에 대한 과반수를 수신하고 결정하거나, 또는 과반수를 수신하지 않는다. 첫 번째 경우, 동의 조건은 바로 충족하고 해당 노드 또한 멈추지 않는다. 두 번째 경우를 살펴보자. u가 v에 대한 과반수의 제안을 받았기 때문에, 모든 노드는 v에 대한 최소한 하나의 제안을 받는 것으로 이어진다. 따라서 모든 노드는 라운드 r에서 v_i를 v로 설정한다. 그러므로 모든 노드는 라운드 r 마지막에 v를 브로드캐스트할 것이며, 라운드 $r + 1$에서 v를 제안할 것이다. 라운드 r에 이미 결정한 노드들은 $r + 1$에서 종료될 것이며, 추가적인 하나의 myValue 메시지를 송신한다(13행). 다른 모든 노드는 $r + 1$에 v에 대한 과반수 제안을 받을 것이며, 라운드 $r + 1$에서 decided는 true로 설정될 것이고 또한 라운드 $r + 1$에서 myValue 메시지를 송신할 것이다. 따라서 라운드 $r + 2$에서 일부 노드는 이미 종료했을 것이며, 다른 노드들은 6행에서 진행하기에 충분한 myValue 메시지를 받을 것이다. 그 노드들은 또 다른 propose와 myValue 메시지를 송신하고, $r + 2$에 종료하며 동일한 값인 v를 결정한다.

보조정리 3.19 알고리즘 3.15는 종료 요건을 충족한다. 즉, 모든 노드는 기대 시간 $O(2^n)$ 안에 종료한다.

증명 보조정리 3.18의 증명에서 알 수 있듯이, 하나의 노드가 특정 값에 대한 과반수의 제안을 받는다면, 모든 노드가 최대 2라운드 후에 종료할 것이다. 그러므로 한 노드가 동일한 값에 대해 과반수 제안을 기대 시간 $O(2^n)$ 내에 수신함을 보이기만 하면 된다.

어떠한 노드도 동일한 값에 대해 과반수 제안을 받지 않았다고 가정하자. 그러한 라운드에서, 일부 노드들은 제안에 기반하여 v로 자신의 값으로 갱신할 수도 있다(20행). 앞에서 보였듯이, 제안에 기반해 값을 갱신한 모든 노드는 동일한 v를 받아들일 것이다. 나머지 노드들은 0 또는 1을 임의로 선택한다. 모든 노드가 라운드 한 번에 동일한 값 v를 선택할 확률은 적어도 $1/2^n$이다. 그러므로 라운드 수의 기댓값의 상한은 $O(2^n)$이다. 모든 라운드가 2회의 메시지 교환으로 이뤄지므로, 알고리즘의 점근적 런타임은 라운드의 수와 동일하다.

정리 3.20 알고리즘 3.15는 최대 $f < n/2$ 노드가 충돌할 경우 기대 런타임 $O(2^n)$에서 이진 합의에 이른다.

부연 설명

• $f < n/2$만큼의 장애 허용은 얼마나 좋은 성능일까?

정리 3.21 비동기 모델에서 $f \geq n/2$ 실패를 허용하는 합의 알고리즘은 없다.

증명 $f = n/2$ 실패를 감당할 수 있는 알고리즘이 존재한다고 가정하자. 모든 노드를 각각 $n/2$개의 노드를 가진 두 집합 N, N'으로 나눈다. 입력값들에 대해 세 가지 다른 선택을 고려하자. V_0 내 모든 노드는 0으로 시작한다. V_1 내 모든 노드는 1로 시작한다. V_{half}에서는 N의 노드들은 0으로 시작하고 N'의 노드들은 1로 시작한다.

노드들이 V_{half}로 시작한다고 가정하자. 알고리즘이 메시지의 스케줄링과 상관없이 합의에 이르러야 하므로, N 내의 노드들에서 송신된 메시지들이 N' 내의 노드들로 가는(그 반대로 마찬가지) 메시지들이 심각하게 지연되는 시나리오를 살펴보자. N 내의 노드들은 V_0 또는 V_{half}로 시작했다면, 결정할 수 없음에 주목하자. 이와 비슷하게 N' 내의 노드들도 V_1 또는 V_{half}로 시작한다면 결정을 할 수 없다. 이런 이유로, 다른 집합으로부터 메시지를 받기 전에 알고리즘이 종료한다면, N은 0으로 결정하고 N'은 1로 결정할 수밖에 없다(이는 각 집합의 노드들이 각각 V_0, V_1로 시작하므로 유효성 요건을 충족하기 위함이다). 그러므로 알고리즘은 동의에 이르기에 실패할 것이다.

이 문제를 해결하기 위한 유일한 가능성은 다른 집합의 노드에서 송신된 최소 하나의 메시지를 기다리는 것이다. 하지만 $f = n/2$개의 노드들이 충돌할 수 있으므로, 다른 집합 전체가 메시지를 송신하기 전에 충돌이 날 수 있다. 이 경우 알고리즘은 영원히 기다리고 종료 요건을 충족할 수 없을 것이다.

부연 설명

• 알고리즘 3.15는 최적의 장애 허용으로 합의를 해결한다. 하지만 이는 심각하게 느리다. 문제는 개별적인 동전 던지기에 기반한다. 모든 노드가 동일한 동전을

던진다면, 상수 횟수의 라운드에 종료하는 게 가능하다.

- 22행에서 무조건 1을 선택하게 하면 이 문제를 해결할 수 있을까?!

- 그렇지 않다. 이렇게 변경하면 알고리즘은 결정론적이 되고 따라서 합의에 이를 수 없게 될 것이다(정리 3.14). 항상 1을 선택할 경우 어떤 식으로 동작하는지 시뮬레이션해보면, 과반수가 0을 선택했을 때 1을 선택한 소수로 인해 동의에 이를 수 없다는 것을 알 수 있다.

- 그럼에도 이 알고리즘은 **공유 코인**shared coin 던지기를 통해 개선될 수 있다. 공유 코인은 모든 노드에 대해 상수 확률로 0 또는 1을 가지는 확률변수random variable 이다. 물론, 이러한 코인은 마법의 장치가 아니라 단순히 하나의 알고리즘이다. 알고리즘 3.15의 런타임 기댓값을 향상하기 위해 23행을 공유 코인 알고리즘을 구현한 함수 호출로 대체한 경우를 살펴보겠다.

3.5 공유 코인

알고리즘 3.22 공유 코인 (노드 u 기준)

1: 확률 $1/n$으로 0, 나머지는 1을 선택하는 로컬 코인 c_u를 선택한다.

2: myCoin(c_u)를 브로드캐스트한다.

3: $n - f$개의 코인을 기다리고 로컬 코인 집합인 C_u에 이들을 저장한다.

4: mySet(C_u)를 브로드캐스트한다.

5: $n - f$개의 코인 집합을 기다린다.

6: **if** 코인 집합 내의 모든 코인 중 하나라도 0이라면 **then**

7:        0을 반환

8: **else**

9:        1을 반환

10: **end if**

부연 설명

- 최대 f개의 노드가 충돌할 수 있으므로, 모든 노드는 3행과 5행에서 모두 $n - f$개의 코인을 받을 것이다. 그러므로 모든 노드가 진행할 것이며 종료도 보장된다.

- $f < n/3$일 때 알고리즘이 정확함을 보일 것이다. 증명을 간단히 하기 위해 $n = 3f + 1$ 즉, 최악의 경우를 고려한다.

보조정리 3.23 u를 노드라 하고, W를 u가 최소한 $f + 1$개의 다른 코인 집합에서 받은 코인들의 집합이라 하자. $|W| \geq f + 1$가 성립한다.

증명 C를 u가 수신한 코인들의 중복집합^{multiset}이라 하자. u는 각 $n - f$개의 코인을 포함한 $n - f$개의 코인 집합을 기다리므로 정확히 $|C| = (n - f)^2$개의 코인을 수신함을 알 수 있다.

보조정리가 성립하지 않는다고 가정하자. 그러면 최대 f개의 코인이 $n - f$개의 코인 집합들에 있고 다른 코인들($n - f$개)는 많아야 f개의 코인 집합들에 존재한다. 다시 말해서 u가 수신한 전체 코인의 상한은 다음과 같다.

$$|C| \leq f \cdot (n - f) + (n - f) \cdot f = 2f(n - f)$$

앞서 가정에 따르면 $n > 3f$, 즉 $n - f > 2f$였다. 그러면 $|C| \leq 2f(n - f) < (n - f)^2 = |C|$가 되는데 이는 모순이다.

보조정리 3.24 모든 올바른 노드는 W의 모든 코인을 확인할 수 있다.

증명 $w \in W$인 코인이 있다고 하자. W의 정의에 따라 w는 u가 수신한 적어도 $f + 1$개의 집합 내에 있음을 알 수 있다. 모든 노드가 종료 전까지 $n - f$개의 집합을 기다리므로, 각 노드들은 이러한 집합 중 적어도 하나의 노드를 수신할 것이고, w는 종료하는 모든 노드에 의해 확인 가능할 수밖에 없다.

정리 3.25 $f < n/3$개의 노드가 충돌한다면, <u>알고리즘 3.22</u>는 공유 코인을 이행한다.

증명 알고리즘이 모든 노드에서 1을 반환할 확률을 한정 지어보자. $(1 - 1/n)^n \approx 1/e \approx 0.37$의 확률로, 모든 노드는 1행에서 1로 각 로컬 코인을 선택하므로, 이 경우 1로 결정된다. 이것은 모든 노드가 1을 반환할 확률의 하한일 뿐이며, 메시지 스케줄링과 충돌에 기반한 다른 시나리오들 역시 전체 결정을 1로 이끌 수도 있다. 하지만 0.37의 확률은 충분히 크므로 다른 시나리오를 고려할 필요가 없다.

$1 - (1 - 1/n)^{|W|}$의 확률로, W 내에 적어도 하나의 0이 존재한다. <u>보조정리 3.23</u>에 따라 $|W| \geq f + 1 \approx n/3$임을 알 수 있기에 확률은 $1 - (1 - 1/n)^{n/3} \approx 1 - (1/e)^{1/3} \approx 0.28$이다. 0은 모든 노드에 의해 확인 가능하므로(<u>보조정리 3.24</u>), 모두 0으로 결정한다. 따라서 <u>알고리즘 3.22</u>는 공유 코인을 이행한다.

부연 설명

• 여기에서는 최악의 경우 하나만 증명했다. f를 적절히 작게 잡는다면 $f + 1 \not\approx n/3$이 명확하다. 하지만 <u>보조정리 3.23</u>은 $|W| \geq n - 2f$에 대해서도 증명이 가능하다. 이 주장을 증명하려면 모순을 서술한 부분에서 표현을 바꾸면 된다. 최대 $n - 2f - 1$개의 코인들이 $n - f$개의 코인 집합에 포함될 수 있으며 $n - (n - 2f - 1) = 2f + 1$개의 코인이 최대 f개의 코인 집합에서 확인될 수 있다. 나머지 증명 부분은 비슷하며 수학이 아주 깔끔하지 않다는 정도의 차이만 있을 뿐이다. 수정된 보조정리를 사용하면 $|W| \geq n/3$이므로 <u>정리 3.25</u>가 **어느** $f < n/3$에 대해서도 성립함을 알 수 있다.

• 또한 우리는 메시지 스케줄링이 랜덤하다는 것을 묵시적으로 가정했다. 0이 필요하지만 0을 제안하길 원하는 노드들이 '느릴' 경우, 누구도 그들의 0을 확인

하지 않을 것이고 진행이 되지 않는다. 이런 문제를 해결하는 더 복잡한 프로토콜이 존재한다.

정리 3.26 알고리즘 3.22를 알고리즘 3.15와 연결하면, 최대 $f < n/3$개의 노드의 충돌을 허용할 때 상수의 라운드 기댓값 내에 종료하는 랜덤 합의 알고리즘을 얻을 수 있다.

챕터 노트

두 친구가 약속을 잡는 문제는 여러 다른 이름으로 표현되고 연구되었다. 요즘에는 일반적으로 **두 장군 문제**$^{Two\ Generals\ Problem}$로 불린다. 이에 대한 불가능성 증명은 1975년 [AEH75]에서 확립되었다.

합의를 항상 해결할 수 있는 결정론적인 알고리즘이 존재하지 않는 것에 대한 증명은 [FLP85]의 증명에 기반한다. 이 결과로 2001년 PODC 영향력 있는 논문상(현재는 데이크스트라 상$^{Dijkstra\ Prize}$으로 불림)을 받았다. 랜덤 합의 알고리즘의 아이디어를 처음 제시한 건 마이클 벤-오어$^{Michael\ Ben-Or}$다[Ben83]. 공유 코인의 개념은 [Bra87]이 제안했다. 최악의 경우에서도 스케줄링을 견딜 수 있는 공유 코인은 [AAKS14]가 개발했다. 이는 공유 메모리 모델을 접목한 초기 공유 코인의 해법에서 영감을 얻었다[Cha96].

랜덤 방식 이외에도 합의를 이룰 수 있는 다른 기술도 물론 존재한다. 한 가지 방법은 비동기를 포기하고 시간 개념에 더 의존하는 방식으로, 예를 들어 부분 동기화$^{partial\ synchrony}$[DLS88]나 시간 기반 비동기화$^{timed\ asynchrony}$[CF98]를 가정하는 방식이다. 또 다른 방법으로 실패 감지자$^{failure\ detector}$를 추가하는 방식도 있다[CT96].

참고 문헌

[AAKS14] Dan Alistarh, James Aspnes, Valerie King, and Jared Saia. Communication-efficient randomized consensus. In *28th International Symposium of Distributed Computing (DISC), Austin, TX, USA, October 12-15, 2014*, pages 61–75, 2014.

[AEH75] E. A. Akkoyunlu, K. Ekanadham, and R. V. Huber. Some constraints and tradeoffs in the design of network communications. In *ACM SIGOPS Operating Systems Review*, volume 9, pages 67–74. ACM, 1975.

[Ben83] Michael Ben-Or. Another advantage of free choice (extended abstract): Completely asynchronous agreement protocols. In *Proceedings of the second annual ACM symposium on Principles of distributed computing*, pages 27–30. ACM, 1983.

[Bra87] Gabriel Bracha. Asynchronous byzantine agreement protocols. *Information and Computation*, 75(2):130–143, 1987.

[CF98] Flaviu Cristian and Christof Fetzer. The timed asynchronous distributed system model. In *Digest of Papers: FTCS-28, The Twenty-Eigth Annual International Symposium on Fault-Tolerant Computing, Munich, Germany, June 23-25, 1998*, pages 140–149, 1998.

[Cha96] Tushar Deepak Chandra. Polylog randomized wait-free consensus. In *Proceedings of the Fifteenth Annual ACM Symposium on Principles of Distributed Computing, Philadelphia, Pennsylvania, USA*, pages 166–175, 1996.

[CT96] Tushar Deepak Chandra and Sam Toueg. Unreliable failure detectors for reliable distributed systems. *J. ACM*, 43(2):225–

267, 1996.

[DLS88]   Cynthia Dwork, Nancy A. Lynch, and Larry J. Stockmeyer. Consensus in the presence of partial synchrony. *J. ACM*, 35(2):288–323, 1988.

[FLP85]   Michael J. Fischer, Nancy A. Lynch, and Mike Paterson. Impossibility of Distributed Consensus with One Faulty Process. *J. ACM*, 32(2):374–382, 1985.

제 **4** 장

비잔틴 동의

비행을 더욱 안전하게 만들기 위해 노력하던 연구진은 비행기 내부에 쓰인 다양한 센서와 기계장치의 결함 가능성에 관해 조사를 했다. 결함을 일정한 형식으로 모형화하고자 했던 연구진은 그 과정에서 다음의 문제를 직면한다. 장치에 결함이 생길 때는 바로 충돌하는 게 아니라 완전히 멈추기 전까지 이따금 임의적인 행동을 보이는 것이다. 여기에서 얻은 깨달음으로 연구진은 결함이 특정한 양상으로 국한하여 발생하는 것이 아닌, 임의적인 결함arbitrary failures이라고 정의했다.

정의 4.1 (**비잔틴**Byzantine) 임의의 행동을 취할 수 있는 노드를 **비잔틴**이라 정의한다. 임의의 행동이라 함은 '상상할 수 있는 모든 것'을 포함한다. 아예 어떠한 메시지도 보내지 않는다든가, 잘못된 이웃에게 다른 또는 잘못된 메시지를 보낸다든가, 입력값을 엉뚱하게 전달한다든가 등등을 예로 들 수 있다.

부연 설명

• 비잔틴 행위에는 결탁collusion도 포함된다. 결탁이란 모든 비잔틴 노드가 하나의 동일한 상대방에 의해 제어되고 있는 상황을 말한다.

• 어떤 조동의 두 개 노드이든 서로 직접 커뮤니케이션할 수있으며, 그 어떤 노드도 잘못된 발신 주소로 위조할 수 없다고 가정한다. 이것은 필수적인데, 하나의 비잔틴 노드가 쉽게 다른 모든 노드로 위장하는 것을 막기 위해서다.

• 이렇게 비잔틴이 아닌non-byzantine 노드를 **올바른**correct 노드라고 부른다.

정의 4.2 (**비잔틴 동의**byzantine agreement) 비잔틴 노드가 존재하는 시스템 안에서 정의 3.1에서와 같은 합의를 찾는 것을 **비잔틴 동의**라고 정의한다. f개의 비잔틴 노드가 있음에도 불구하고 올바르게 구동되는 알고리즘을 f-회복성이 있다-resilient고 정의한다.

부연 설명

• 합의(정의 3.1)를 위해서는 동의agreement, 종료termination, 유효성validity이 필요하다. 동의와 종료는 글자 그대로 이해가 가지만, 유효성이란 어떤 의미일까?

4.1 유효성

정의 4.3 (모든–입력 유효성any–input validity**)** 결정값은 반드시 어떤 노드의 입력값이어야 한다.

부연 설명

- 여기서 유효성이란 정의 3.1의 합의에 필요한 유효성을 가리킨다.

- 이 정의가 비잔틴 노드가 있는 환경에서도 여전히 성립할까? 비잔틴 노드가 입력값을 속이면 어떻게 될까?

- 비잔틴 입력값과 올바른 입력값을 구별하기 위한 별도의 유효성 정의가 필요할 것이다.

정의 4.4 (올바른–입력 유효성correct–input validity**)** 결정값은 반드시 **올바른** 노드의 입력값이어야 한다.

부연 설명

- 안타깝게도 올바른–입력 유효성을 구현하는 것은 쉬워 보이지 않는다. 프로토콜을 따르는 비잔틴 노드가 입력값을 속여도 올바른 노드와 구별되지 않기 때문이다. 대안을 이어서 살펴본다.

정의 4.5 (전부–동일 유효성all–same validity**)** 모든 올바른 노드가 동일한 입력값 v로부터 출발한다면 결정값도 v여야 한다.

부연 설명

- 결정값이 이진 값이라면, 올바른–입력 유효성은 전부–동일 유효성으로부터 유도된다.

- 입력값이 이진 값이 아니라면, (비행기 센서의 예처럼 입력이 $\mathbb{R}$ (실수)로 들어오는 경우를 제외하면) 대부분의 시나리오에서 전부–동일 유효성은 그다지 유

용하지 않다.

정의 4.6 (**중간값 유효성**^{median validity}) 입력값들이 순서대로 나열될 수 있다면(즉 $v \in \mathbb{R}$이라면) 올바른 입력값들의 중간값에 가까운 값에 대해 동의함으로써 비잔틴 특잇값^{outlier}들을 배제할 수 있다. 중간값에 얼마나 가까워야 하는지는 비잔틴 노드의 개수 f에 달려 있다.

부연 설명

• 비잔틴 동의는 과연 가능할까? 가능하다면 어떤 유효성 요건하에서 가능할까?

• 하나의 비잔틴 노드를 허용하는 알고리즘부터 찾아보자. 이를 위해서는 우선 동기식 모델을 가정해야 한다.

모델 4.7 (**동기식**^{synchronous}) **동기식 모델**에서 노드들은 동기식 라운드^{synchronous round}를 거쳐 운영된다. 매 라운드마다 각 노드는 다른 노드에 메시지를 송신하거나, 다른 노드가 보낸 메시지를 수신하거나, 일부 로컬 연산을 처리한다.

정의 4.8 (**동기식 런타임**^{synchronous runtime}) 동기식 모델 알고리즘에서 **런타임**이란 단순히 실행 시작부터 최악의 경우(모든 입력이 적격하고 매번 실행되는 시나리오)의 종료 시점까지 거친 라운드의 수와 동일하다.

4.2 비잔틴 노드의 개수

알고리즘 4.9 $f = 1$일 경우 비잔틴 동의

1: 노드 u에서 입력값 x를 받는다고 하자.

　　라운드 1
2: tuple(u, x)를 다른 모든 노드에 송신

3: 다른 모든 노드 v로부터 $\text{tuple}(v, y)$를 수신

4: 수신한 $\text{tuple}(v, y)$를 집합 S_u에 저장

라운드 2

5: 집합 S_u를 모든 다른 노드에 송신

6: 모든 노드 v로부터 집합 S_v를 수신

7: 자기 자신인 S_u를 포함하여 최소 2개의 집합 S_v에서 확인한 $\text{tuple}(v, y)$의 집합을 T라고 한다.

8: $\text{tuple}(v, y) \in T$가 가장 작은 y를 가진 튜플이 되게 한다.

9: y 값을 결정한다.

부연 설명

• 비잔틴 노드들은 이 프로토콜을 따르지 않고 구문상 올바르지 않은 메시지를 송신할 수 있다. 이러한 메시지는 쉽게 감지하여 무시할 수 있다. 더 안 좋은 상황은, 비잔틴 노드가 구문상으로는 올바르지만 내용이 가짜인 메시지를 송신할 때다. 예를 들어 다른 노드들에 각기 다른 메시지를 송신하는 상황 등이다.

• 이러한 실수 중 일부는 쉽게 감지하기 어렵다. 예를 들어 비잔틴 노드가 라운드 1에 다른 노드들에 각기 다른 값을 송신한다면 각 값들은 S_u에 저장될 것이다. 하지만 일부 실수는 감지될 수 있고 감지되어야 한다. 라운드 2에서 모든 노드는 정보를 중계^{relay}할 뿐, 그 자체의 값에 대해서는 알리지 않는다는 것을 알 수 있다. 따라서 비잔틴 노드가 $\text{tuple}(v, y)$를 포함한 집합 S_v를 송신한다면 이 튜플은 u가 S_v를 수신했을 때 S_v에서 제거되어야 한다(6행).

• 노드가 소스 어드레스를 위조할 수 없다고 가정했음을 상기하자. 따라서 노드가 라운드 1에서 $\text{tuple}(v, y)$을 수신한다면, 이 메시지는 v로부터 송신되었음이 보장된다.

보조정리 4.10 $n \geq 4$일 경우, 모든 올바른 노드는 동일한 집합 T를 가진다.

증명 $f = 1$이고 $n \geq 4$일 때에는 적어도 3개의 올바른 노드가 있다. 올바른 노드는 모든 정확한 값을 적어도 두 번은 관찰하게 된다. 한 번은 다른 올바른 노드로부터 직접, 또 한 번은 세 번째 올바른 노드로부터. 비잔틴 노드가 동일한 값을 적어도 2개의 다른 (정확한) 노드들에 송신한다면, 모든 올바른 노드는 해당 값을 두 번 수신하게 되어 모두 집합 T에 추가한다. 비잔틴 노드가 올바른 노드들에 모두 다른 값을 송신한다면, 이 값들 중 어떤 것도 집합 T에 추가되지 않을 것이다.

정리 4.11 $n \geq 4$일 경우, 알고리즘 4.9는 비잔틴 동의에 이른다.

증명 증명을 위해서는 동의, 모든−입력 유효성, 종료 세 가지를 보이면 된다. 보조정리 4.10을 통해, 모든 올바른 노드가 동일한 집합 T를 가지며, 동일한 최솟값에 대해 동의에 도달하리란 것을 알 수 있다. 다음으로, 노드들이 임의의 노드들로부터 제안된 값에 대해 동의를 하므로, 모든−입력 유효성은 유지된다. 마지막으로 이 알고리즘은 두 라운드 후에 종료된다.

부연 설명

- $n > 4$일 경우, 비잔틴 노드는 다수의 값을 T에 저장할 수 있다.

- 알고리즘 4.9는 모든 입력에 대한 동의any−input agreement만 제공하는데, 이는 비잔틴 환경에서는 미심쩍은 상황이다. 어떤 값이 최소 두 번 발견될 때, 최소 두 번 발견된 최솟값을 선택함으로써 전부−동일 유효성을 확보할 수 있다.

- 이 아이디어를 모든 f와 $n > 3f$에 대해 일반화할 수 있다. 모든 노드는 모든 $f + 1$라운드에서 그때까지 얻은 모든 정보를 다른 노드에 송신하면 된다. 다시 말해, f가 증가하면 메시지 크기가 지수적exponential으로 증가한다.

- 알고리즘 4.9는 $n = 3$일 경우에도 동작할까?

정리 4.12 세 노드 중 하나가 비잔틴일 경우, 세 노드는 전부-동일 유효성으로 비잔틴 동의에 이를 수 없다.

증명 세 노드가 전부-동일 유효성을 동시에 만족시킨다고 가정하면, 이 가정이 동의 요건을 위반하게 됨을 보일 것이다.

전부-동일 유효성을 달성하려면, 노드는 자신의 입력값을 올바른 노드의 입력값 x로 결정론적으로 정할 수 있어야 한다. 이 프로토콜을 따르는 비잔틴 노드를 올바른 노드와 구분할 수 없다는 점을 상기하자. 한 올바른 노드가 자신을 포함해 $n - f$개 노드가 자신의 입력값 x를 가지고 있음을 관찰했다고 가정하자. 그러면 전부-동일 유효성에 따라 이 올바른 노드는 결정론적으로 x 값으로 결정을 내려야 한다.

노드가 세 개인 경우($n - f = 2$), 한 노드는 다른 노드의 입력값이 자기 자신의 입력값과 동일하다면 그 값으로 결정을 내려야 한다. 이 세 노드를 u, v, w라고 하자. 올바른 노드 u의 입력값이 0이고 올바른 노드 v의 입력값이 1이라고 하면, 비잔틴 노드 w는 u에는 자신의 값이 0이라고 하고 v에는 1이라고 함으로써 그 노드들을 속일 수 있다. 그러면 전부-동일 유효성에 따라 u와 v는 서로 다른 두 값으로 결정하게 되는데, 이는 동의 요건에 위반된다. u가 v와 이야기를 할 수 있어 w 값에 대해 각자의 가정이 다르다는 걸 알아낸다고 해도, u로서는 w, v 중 어느 노드가 비잔틴인지 구분할 수 없다.

정리 4.13 n개 노드를 가진 네트워크는 비잔틴 노드 개수 $f \geq n/3$일 경우, 비잔틴 동의에 이를 수 없다.

증명 (모순을 보이기 위해) $f \geq \lceil n/3 \rceil$에서 n개 노드가 비잔틴 동의에 이를 수 있는 알고리즘 A가 있다고 가정하자. 알고리즘 A가 전부-동일 유효성과 동의를 동시에 만족시킬 수는 없음을 보일 것이다.

n개 노드를 $n/3$개 노드로 이루어진 그룹으로 나눠보자(n이 3으로 나누어 떨어

지지 않는다면 $\lfloor n/3 \rfloor$ 또는 $\lceil n/3 \rceil$개로). $\lceil n/3 \rceil \geq n/3$ 크기의 한 그룹에는 비잔틴 노드만 속해 있고 나머지 두 그룹은 올바른 노드로만 이루어졌다고 가정하자. 올바른 노드들의 한 그룹은 입력값 0으로 시작하고, 다른 한 그룹은 입력값 1로 시작한다고 하자. **보조정리 4.12**에 따라 비잔틴 노드 그룹은 각 노드의 입력값을 지지하므로, 각 올바른 노드는 적어도 $n - f$개 이상의 노드가 자신의 입력값을 지지하는 것을 관찰하게 된다. 전부-동일 유효성에 따르면 모든 올바른 노드는 자신의 입력값을 결정론적으로 정할 수 있어야 한다. 하지만 올바른 노드들의 두 그룹이 서로 다른 입력값을 가지고 있으므로 노드들은 서로 다른 값으로 결정할 테고, 이는 동의 속성을 위반하는 셈이 된다.

4.3 왕 알고리즘

알고리즘 4.14   왕 알고리즘^{king algorithm}($f < n/3$에 대해)

1: $x =$ 내 입력값

2: **for** 1단계부터 $f + 1$단계까지 **do**

     라운드 1

3:     $\text{value}(x)$를 브로드캐스트한다.

     라운드 2

4:     **if** $\text{value}(y)$가 최소 $n - f$번 수신되었다면 **then**

5:         $\text{propose}(y)$를 브로드캐스트한다.

6:     **end if**

7:     **if** $\text{propose}(z)$가 f번 이상 수신되었다면 **then**

8:         $x = z$

9:     **end if**

라운드 3

10:　　　노드 v_i를 이번 단계 i의 기정의된[predefined] 왕이라고 하자.

11:　　　왕 v_i는 자신의 현재 값 w를 브로드캐스트한다.

12:　　　**if** $n - f$ 미만의 propose(x)를 수신한다면 **then**

13:　　　　$x = w$

14:　　　**end if**

15: **end for**

보조정리 4.15　알고리즘 4.14는 전부–동일 유효성을 만족시킨다.

증명　모든 올바른 노드가 동일한 값으로 시작할 경우, 라운드 2에서 모든 올바른 노드는 해당 값을 제안할 것이다. 모든 올바른 노드가 적어도 $n - f$개의 제안을 받게 될 텐데, 이는 곧 모든 올바른 노드가 해당 값을 계속 유지하며 그것을 왕의 값으로 절대 변경하지 않게 됨을 의미한다. 이것이 모든 단계에서 유지된다.

보조정리 4.16　$n > 3f$일 때, 한 올바른 노드가 x를 제안한다면 다른 어떠한 올바른 노드도 $y \neq x$인 y를 제안하지 않는다.

증명　(모순을 보이기 위해) 한 올바른 노드가 값 x를 제안하고 다른 올바른 노드가 값 y를 제안했다고 가정하자. 올바른 노드는 적어도 $n - f$개의 value 메시지를 받았을 때만 그 값을 제안하므로, 두 노드 모두 적어도 $n - 2f$개의 고유한 올바른 노드로부터 그 값을 받았음이 확실하다(많아야 f개 노드가 비잔틴으로 동작할 수 있고 x를 한 노드에, y를 다른 노드에 송신할 수 있으므로). 따라서 이는 시스템에 최소한 $2(n - 2f) + f = 2n - 3f$개의 노드가 있어야만 한다는 뜻이다. 그러나 $3f < n$이므로, $2n - 3f > n$은 모순이 된다.

보조정리 4.17　올바른 왕이 있는 단계가 적어도 하나는 존재한다.

증명 $f + 1$개 단계가 존재하며, 각 단계마다 왕은 각기 다르다. 비잔틴 노드는 f개만 존재하므로 한 개의 왕은 올바를 수밖에 없다.

보조정리 4.18 $n > 3f$ 일 때, 올바른 왕이 존재한 라운드 이후에는, 올바른 노드들은 그들의 값 v를 더는 변경하지 않는다.

증명 모든 올바른 노드가 그들의 값을 왕의 값으로 변경한다면, 모든 올바른 노드는 동일한 값을 가질 것이다. 만약 특정 노드가 값을 왕의 값으로 변경하지 않는다면, 적어도 $n - f$번 제안을 받았을 것이고, 그러므로 적어도 $n - 2f$개의 올바른 노드들이 이 제안을 브로드캐스트했을 것이다. 따라서 모든 노드는 최소한 $n - 2f > f$번($n > 3f$이므로) 해당 값을 받게 될 테니, 왕을 포함한 모든 올바른 노드가 제안된 값으로 자신의 값을 설정할 것이다. 보조정리 4.16에 따라 단지 하나의 값만이 f번 이상 제안될 수 있다. 보조정리 4.15에 기반하면, 어떠한 노드도 해당 라운드 이후에는 값을 변경하지 않을 것이다.

정리 4.19 알고리즘 4.14는 비잔틴 동의 문제를 해결한다.

증명 모든 올바른 노드가 동일한 값으로 시작하거나, 혹은 보조정리 4.17 및 보조정리 4.18에 따라 올바른 노드가 왕인 단계 직후에는 모든 올바른 노드가 같은 값으로 동의하므로, 왕 알고리즘은 동의에 이르게 된다. 보조정리 4.15에 의해 노드들은 해당 값을 계속 유지한다. 종료는 $3(f + 1)$ 라운드 후에 보장되며, 전부–동일 유효성은 보조정리 4.15에 의해 증명된다.

부연 설명

- 알고리즘 4.14는 $f + 1$개의 기정의된 왕을 요구한다. 이 왕들과 그 순서는 주어진다고 가정한다. 왕을 찾는 것 역시 그 자체로 비잔틴 동의 작업일 수 있기에 왕 알고리즘을 실행하기 전에 완료해야 한다.

- 기정의된 왕이 필요 없는 알고리즘이 존재하는가? 그렇다. <u>4.5절</u>을 보라.

- $f + 1$라운드 이전에 비잔틴 동의(또는 적어도 합의)를 해결할 수 있는가?

4.4 라운드 수의 하한

정리 4.20 노드들이 확인된 최솟값으로 결정한다면, f개의 충돌 노드가 존재할 때 합의를 해결하는 동기 알고리즘은 최소한 $f + 1$라운드를 필요로 한다.

증명 (모순을 보이기 위해) 알고리즘 A가 f라운드만에 합의를 해결할 수 있다고 가정하자. 한 노드 u_1이 최소 입력값인 x를 가지고 있었는데 첫 번째 라운드에서 자신의 정보(값 x에 대한 정보를 포함한)를 다른 노드 u_2에만 송신하고는 충돌이 났다. 안타깝게도 두 번째 라운드에 x의 유일한 목격자인 u_2 또한 u_3에만 정보를 송신하고는 충돌이 났다. 이러한 과정이 반복되면 f번째 라운드에는 노드 $uf + 1$만이 최솟값 x를 알고 있는 상황이 된다. 알고리즘이 f라운드에 종료하기 때문에, 노드 $uf + 1$만이 값을 x로 결정할 테고, 다른 살아남은 (올바른) 노드들은 x보다 큰 값으로 결정할 것이다.

부연 설명

- 최솟값으로 결정한다는 제한 없이 더 일반적인 증명 또한 존재한다.

- 비잔틴 노드 또한 충돌날 수 있으므로, 이 하한은 비잔틴 동의에 대해서도 성립한다. 따라서 <u>알고리즘 4.14</u>는 점근적으로 최적의 런타임을 가진다.

- 지금까지 살펴본 모든 비잔틴 동의 알고리즘은 동기 모델을 가정한다. 비동기 모델에서도 비잔틴 동의가 해결될 수 있을까?

4.5 비동기 비잔틴 동의

알고리즘 4.21　비동기 비잔틴 동의(벤-오어, $f < n/10$일 때)

1: $x < \{0,1\}$　← 입력 비트

2: $r = 1$　　← 라운드

3: decided(결정 여부를 나타내는 변수) = false

4: propose(x_i, r)을 브로드캐스트한다.

5: **repeat**

6:　　현재 라운드 r에서 $n - f$개의 propose 메시지가 도착할 때까지 기다린다.

7:　　**if** 적어도 $n/2 + 3f + 1$개의 propose 메시지가 동일한 x를 가지고 있다면 **then**

8:　　　　$x_i = x$, decided = true

9:　　**else if** 적어도 $n/2 + f + 1$개의 propose 메시지가 동일한 x를 가지고 있다면 **then**

10:　　　　$x_i = x$

11:　　**else**

12:　　　　x_i를 임의로 선택한다(0과 1이 선택될 확률은 각각 $1/2$).

13:　　**end if**

14:　　$r = r + 1$

15:　　propose(x_i, r)을 브로드캐스트한다.

16: **until** decided = true가 될 때까지(8행 참고)

17: decision(결정값) = x_i

보조정리 4.22　한 올바른 노드가 10행에서 값 x을 선택한다고 하면, 다른 올바른 노드들은 10행에서 $y \neq x$인 y를 선택하지 않는다.

증명　모순을 보이기 위해 10행에서 0과 1이 둘 다 선택된다고 가정하자. 이는 $n - f$개의 올바른 노드 가운데 적어도 $n/2 + 1$개가 0과 1 둘 다를 제안했다는 의미이다. 이를 다르게 표현하면, 총 $2 \cdot n/2 + 2 = n + 2 > n - f$개의 올바른 노드가 있다는 말이 된다. 모순!

정리 4.23 <u>알고리즘 4.21</u>은 $f < n/10$일 때 <u>정의 4.2</u>에서의 이진 비잔틴 동의를 해결한다.

증명 최대 f개의 노드가 비잔틴이므로 6행에서 $n - f$개의 제안(**propose**) 메시지를 기다리는 것에 문제가 없다. 모든 올바른 노드가 동일한 입력값 x를 가지고 있다면 모두가 (f개의 비잔틴 노드를 제외하고) 동일한 값 x를 제안할 것이다. 그러므로 모든 노드가 x를 포함하는 최소 $n - 2f$개의 제안 메시지를 수신한다. $f < n/10$일 경우, $n - 2f > n/2 + 3f$이므로 노드들은 이미 첫 번째 라운드에서 x로 결정할 것이다. 이로써 전부–동일 유효성이 성립한다. 올바른 노드들이 다른 (이진) 입력값을 갖게 되면, 어떤 결과든 상관없기에 유효성 요건은 자명해진다.

동의는 어떨까? (8행에서) 값 x로 결정하는 첫 번째 노드를 u라고 하자. 비동기성으로 인해 다른 노드 v는 노드들의 다른 부분집합으로부터 메시지를 수신하겠지만 최대 f개 송신자만이 다를 수 있다. 비잔틴 노드가 거짓말을 할 수 있다는 것을 고려하면(각기 다른 노드들에 각기 다른 제안 메시지를 송신), v가 수신한 f개의 추가적인 제안 메시지는 u가 받은 것과 다를 수 있다. 노드 u는 x 값을 가지는 최소 $n/2 + 3f + 1$개 제안을 받으므로, 노드 v는 x 값을 가지는 최소 $n/2 + f + 1$개 제안을 받을 것이다. 그러므로 모든 올바른 노드는 다음 라운드에서 x를 제안하고 x로 결정할 것이다.

따라서 종료에 대해서만 신경을 쓰면 된다. 한 올바른 노드가 종료하자마자(8행) 모든 노드가 다음 라운드에서 종료한다는 사실을 이미 살펴봤다. 그러면 한 노드 u가 8행에서 종료한다는 것은 어떤 경우인가? 먼저, 모든 노드가 랜덤하게도 동일한 값을 제안하는 경우가 있을 수 있다(12행에서). 랜덤하게 선택하지 않는 노드들이 존재할 수도 있다(12행 대신 10행 실행). 이 경우 <u>보조정리 4.22</u>에 따라 그 노드들은 모두 동일한 값을 제안할 것이다.

따라서 최악의 경우 $n - f$개의 모든 올바른 노드가 랜덤하게 동일한 값을 선택해야 하고, 그럴 확률은 $2^{-(n-f)+1}$이다. 이 경우 모든 올바른 노드가 동일한 제안 메시지를 송신할 것이고 알고리즘은 종료된다. 따라서 최악의 경우 기대 런타임은 노드 개수에 따라 지수적으로 증가한다.

부연 설명

• 이 알고리즘은 비동기 비잔틴 동의가 이뤄질 수 있다는 것을 보여주는 하나의 개념 증명proof of concept이다. 안타깝게도 런타임 때문에 실무에서 사용할 만한 것은 아니다.

• $f < O(n)$일 경우, 8행에서 노드들이 종료할 확률은 양의 상수보다 크다. 따라서 벤-오어 알고리즘은 작은 f 값에 대해서는 기대 상수 라운드 내에 종료한다.

• 오랫동안, 지수 시간보다 빠른 런타임의 알고리즘이 나오지 않았다. 현재 가장 빠른 알고리즘은 기대 런타임이 $O(n^{2.5})$이지만 $f \leq 1/500n$개 비잔틴 노드만 허용한다. 이 알고리즘은 공유 코인 알고리즘과 함께 동작하며, 또한 노드들은 어떤 노드가 비잔틴인지 감지하려 시도한다.

챕터 노트

비잔틴 실패에 대한 연구를 시작한 프로젝트의 이름은 SIFT이며 이는 NASA에 의해 시작되었다[WLG+78]. 비잔틴 동의와 연계된 연구는 마셜 피즈Marshall Pease, 로버트 쇼스탁Robert Shostak, 레슬리 램포트의 연구 결과로 큰 관심을 받기 시작했다[PSL80, LSP82]. [PSL80]에서 그들은 알고리즘 4.9의 일반화된 버전을 선보였으며 $n \leq 3f$일 경우 비잔틴 동의를 풀 수 없다는 것 또한 보였다. 이 논문에 게재된 알고리즘은 메시지의 지수적 크기 때문에 오늘날에는 **지수적 정보 수집**exponential information gathering(EIG)이라고 불린다.

비잔틴 동의 문제를 풀기 위한 많은 알고리즘이 존재한다. 예를 들어 왕비 알고리즘[BG89]은 왕 알고리즘보다 런타임은 좋은 성능을 내지만 허용되는 실패 수가 더 적다. 이때의 비잔틴 동의에는 [DS83]이 보인 것처럼 최소 $f + 1$개 라운드가 요구된다. 좀 더 복잡한 증명은 [FL82]에서 찾을 수 있다.

동기 모델용으로는 많은 알고리즘이 오랜 시간 존재해왔지만, 비동기 모델은 훨씬 더 어렵다. 벤-오어와 가브리엘 브라하Gabriel Bracha가 낸 결과가 전부다. 벤-오어는 $f < n/5$개의 비잔틴까지 허용할 수 있었다. 브라하는 이를 $f < n/3$까지 향상했다. 기대 런타임이 다항식인 최초의 알고리즘은 [KS13]에 의해 정립되었다. 하지만 이들의 접근법에서는 각 노드마다 연산 처리에 지수적 시간이 필요했다. 후속 논문[KS14]에서 저자들은 허용 수치를 더 작은 $f < 0.000028n$으로 희생하는 대신 로컬 연산 처리를 다항식 시간으로 향상할 수 있었다.

개발된 알고리즘 중 거의 대부분이 전부-동일 유효성만을 충족한다. 몇몇 예외가 있는데, 예를 들어 초깃값이 유한한 도메인으로부터 나왔을 때 가능한 올바른-입력 유효성[FG03]이나, 입력값에 순서를 매길 수 있을 때 가능한 중간값 유효성 [SW15] 등이 있다.

'비잔틴'이라는 용어가 생겨나기 전에는 알바니아 장군 또는 중국 장군 같은 용어가 악의적 행동을 묘사하는 데 사용되었다. 당연한 일이지만, 관련 연구자들이 해당 국가 사람들을 만나본 후로 역사적 용어인 비잔틴으로 바뀌게 되었다[LSP82].

참고 문헌

[Ben83]   Michael Ben-Or. Another advantage of free choice (extended abstract): Completely asynchronous agreement protocols. In *Proceedings of the second annual ACM symposium on Principles of distributed computing*, pages 27–30. ACM, 1983.

[BG89]   Piotr Berman and Juan A Garay. *Asymptotically optimal distributed consensus*. Springer, 1989.

[BGP89]   Piotr Berman, Juan A. Garay, and Kenneth J. Perry. Towards optimal distributed consensus (extended abstract). In *30th Annual Symposium on Foundations of Computer Science, Research Triangle Park, North Carolina, USA, 30 October - 1 November 1989*, pages 410–415, 1989.

[BT85]   Gabriel Bracha and Sam Toueg. Asynchronous consensus and broadcast protocols. *Journal of the ACM (JACM)*, 32(4):824–840, 1985.

[DS83]   Danny Dolev and H. Raymond Strong. Authenticated algorithms for byzantine agreement. *SIAM Journal on Computing*, 12(4):656–666, 1983.

[FG03]   Matthias Fitzi and Juan A Garay. Efficient player-optimal protocols for strong and differential consensus. In *Proceedings of the twenty-second annual symposium on Principles of distributed computing*, pages 211–220. ACM, 2003.

[FL82]   Michael J. Fischer and Nancy A. Lynch. A lower bound for the time to assure interactive consistency. 14(4):183–186, June 1982.

[KS13]   Valerie King and Jared Saia. Byzantine agreement in polynomial expected time:[extended abstract]. In *Proceedings of the forty-fifth annual ACM symposium on Theory of computing*, pages 401–410. ACM, 2013.

[KS14]   Valerie King and Jared Saia. Faster agreement via a spectral method for detecting malicious behavior. In *Proceedings of the Twenty-fifth Annual ACM-SIAM Symposium on Discrete Algorithms*, SODA '14, pages 785–800, Philadelphia, PA, USA, 2014. Society for Industrial and Applied Mathematics.

[LSP82]   Leslie Lamport, Robert E. Shostak, and Marshall C. Pease. The byzantine generals problem. *ACM Trans. Program. Lang. Syst.*, 4(3):382–401, 1982.

[PSL80]   Marshall C. Pease, Robert E. Shostak, and Leslie Lamport. Reaching agreement in the presence of faults. *J. ACM*, 27(2):228–234, 1980.

[SW15]   David Stolz and Roger Wattenhofer. Byzantine Agreement with Median Validity. In *19th International Conference on Priniciples of Distributed Systems (OPODIS), Rennes, France*, 2015.

[WLG⁺78] John H. Wensley, Leslie Lamport, Jack Goldberg, Milton W. Green, Karl N. Levitt, P. M. Melliar-Smith, Robert E. Shostak, and Charles B. Weinstock. Sift: Design and analysis of a fault-tolerant computer for aircraft control. In *Proceedings of the IEEE*, pages 1240– 1255, 1978.

제 5 장

암호학 기초

4.5절에서 살펴봤듯이, 정의 2.8에서 살펴본 상태 복제는 랜덤화^{randomization}를 사용하여 해결할 수 있다. 하지만 암호학^{cryptography} 도구를 이용하면 프로토콜을 획기적으로 간소화할 수 있는 것으로 드러났다. 크립토^{crypto} 기반 프로토콜을 책 후반에 설명하기에 앞서 이 장에서는 공개 키 암호 방식을 간략히 소개하겠다. 암호화^{encryption}, 디지털 서명 등 매우 중요한 개념들을 다룬다.

공개 키^{public key} 암호 기법은 지난 세기의 큰 과학적 성취 중 하나다. 한 번도 만난 적 없는 두 사람이 훤히 공개된 공간에서 둘만 공유하는 비밀을 만들어낸다? 마치 '마법' 같은 일로 들리지 않는가! 이번 장에서 이러한 '크립토 마법'의 트릭을 몇 가지 알아보자. 특정 애플리케이션에 치우치지 않고 일반적인 경우를 가지고 그 기초를 안내할 것이다.

5.1 키 교환

이전에 한 번도 만난 적 없는 사람끼리 어떻게 공개적으로 공통의 비밀 키에 대해 동의를 이룰 수 있을까?

정의 5.1 (**원시근**^{primitive root})　소수 $p \in \mathbb{N}$가 있다고 하자. 다음을 충족하는 $g \in \mathbb{N}$을 p의 **원시근**이라고 한다. $1 \leq h < p$인 모든 $h \in \mathbb{N}$에 대해, $g^k = h \bmod p$가 되는 $k \in \mathbb{N}$이 존재한다.

알고리즘 5.2　디피-헬먼 키 교환^{Diffie-Hellman key exchange}

입력: 공개적으로 알려진 소수 p, 그리고 p의 원시근인 g

결과: 앨리스와 밥이 공통의 비밀 키에 합의한다.

   1: 앨리스는 $1 \leq k_A \leq p - 2$인 k_A를 선택하고 $g^{k_A} \bmod p$를 밥에게 보낸다.

   2: 밥은 $1 \leq k_B \leq p - 2$인 k_B를 선택하고 $g^{k_B} \bmod p$를 앨리스에게 보낸다.

3: 앨리스는 $\left(g^{k_B}\right)^{k_A} \bmod p = g^{k_B k_A} \bmod p$를 계산한다.

4: 밥은 $\left(g^{k_A}\right)^{k_B} \bmod p = g^{k_A k_B} \bmod p$를 계산한다.

5: 앨리스와 밥은 공통의 비밀 키인 $g^{k_A k_B} \bmod p = g^{k_B k_A} \bmod p$를 가진다

부연 설명

• k는 키, m은 메시지, p는 소수, g는 원시근, c는 암호문ciphertext(암호화된 메시지)을 가리킨다. 일반적으로, 암호화 알고리즘은 평문 메시지 m에 키 k를 적용하여 암호화하고 그 결과 암호문 c가 나온다.

• 소수 $p = 5$, 원시근 $g = 2$인 경우의 간단한(즉 보안이 그리 강하지 않은) 예제를 생각해보자. $2^1 = 2 \bmod 5$이고 $2^2 = 4 \bmod 5$, $2^3 = 3 \bmod 5$, $2^4 = 1 \bmod 5$이다. $p = 5$에 대한 원시근은 2 외에도 하나 더 있다. 원시근을 빠르게 찾는 정교한 방법들이 있으나 이 장에서 다루는 범위를 넘어선다.

• $p = 5$, $g = 2$인 경우를 알고리즘 5.2에 적용해보자. 앨리스는 $k_A = 2$, $2^2 = 4 \bmod 5$를 선택한다. 밥은 $k_B = 3$, $2^3 = 3 \bmod 5$를 선택한다. 따라서 밥은 4를 받고 앨리스는 3을 받게 된다. 그러면 밥은 $4^3 = 4 \bmod 5$를 계산하고 앨리스는 $3^2 = 4 \bmod 5$를 계산한다. 그리하여 앨리스와 밥은 공통의 비밀 키인 4로 동의에 이룬다.

• 알고리즘 5.2는 얼마나 안전한가?

정의 5.3 (**이산대수문제**discrete logarithm problem)[1] $p \in \mathbb{N}$인 소수가 하나 있고, $1 \le g$, $a \le p$인 g, $a \in \mathbb{N}$가 있다고 하자. **이산대수문제**란 $g^x = a \bmod p$를 충족하는 $x \in \mathbb{N}$을 찾는 문제다.

---

1 옮긴이_ '이산 로그 문제'라고 부르기도 한다.

부연 설명

- 직관적으로, 공개적으로 알려진 p, g, g^{k_A}, g^{k_B}에서 알고리즘 5.2의 공통 비밀 키를 계산하는 최적의 접근법은 그 이산대수문제를 푸는 것이다. 이는 또한 가장 잘 알려진 공격법이기도 하다.

- 하지만 소수의 일부 클래스는 공격하기가 더 쉽기 때문에, 소위 안전 소수^{safe prime}를 이용하기도 한다. 안전 소수 p는 $(p - 1)/2$ 또한 소수인 소수를 말한다.

- 충분히 큰 소수를 어떻게 찾을 것인가? 결정론적 방법은 실무에서 쓰기엔 여전히 매우 느리다. 따라서 다음과 같은 확률론적 소수 판별법을 고려해보자.

알고리즘 5.4 확률론적 소수 판별법

입력: 홀수 $p \in \mathbb{N}$

결과: p가 소수인가?

1: j, $r \in \mathbb{N}$이며 j는 홀수이고 $p - 1 = 2^r j$라고 하자.

2: 균일하게 무작위로 $1 \leq x < p$인 $x \in \mathbb{N}$을 선택한다.

3: $x_0 = x^j \bmod p$로 설정한다.

4: **if** $x_0 = 1$ 또는 $x_0 = p - 1$이면 **then**

5:        결과로 "p는 소수일 것이다"를 출력하고 **종료**한다.

6: **end if**

7: **for** i는 1부터 $r - 1$까지 **do**

8:        $x_i = x_{i-1}^2 \bmod p$로 설정한다.

9:        **if** $x_i = p - 1$이면 **then**

10:              결과로 "p는 소수일 것이다"를 출력하고 **종료**한다.

11:        **end if**

12: **end for**

13: 결과로 "p는 소수가 아니다"를 출력한다.

보조정리 5.5   알고리즘 5.4에서 결과 "p는 소수일 것이다"는 75%의 확률로 정확하며, 결과 "p는 소수가 아니다"는 100%의 확률로 정확하다.

따름정리^{corollary} **5.6**   알고리즘 5.4의 런타임은 $O(r) \in O(\log p)$이다.

부연 설명

- 알고리즘 5.4 소수 판별법의 확률적 정확성에 대한 증명은 이 장에서 다루는 범위를 벗어난다.

- 알고리즘 5.4는 런타임이 (빠르고) 결정론적이므로 몬테카를로$^{\text{Monte Carlo}}$ 알고리즘이지만, 결과는 일정 범위 내의 확률로 틀릴 수 있다. 하지만 동일한 p와 다른 x에 대해 알고리즘을 다시 실행해도 결과는 독립이므로, r번 실행할 때 오류 확률은 $1/4r$로 한정된다.

- 큰 소수를 간단하게 찾는 방법은 다음과 같다. 임의의 큰 숫자이자 홀수인 p를 선택한다. 알고리즘 5.4를, p가 소수라는 결과가 목표 확률인 $1 - \varepsilon$로 나올 때까지 반복한다. p가 소수가 아니라는 결과가 나오면 다른 p를 선택한다. 소수 정리$^{\text{prime number theorem}}$에 따르면, 크기가 최대 n인 두 소수의 평균 거리는 $\ln n$이며, 이는 충분히 큰 소수를 찾을 수 있음을 의미한다.

- 큰 소수를 찾는 것은 쉬운 반면, 이를 인수분해하는 것은 어렵다고 알려져 있다. 즉, 주어진 정수 x에 대해 x의 소인수$^{\text{prime factor}}$를 찾는 문제는 어렵다. 많은 암호학 프로토콜은 이러한 소인수 분해의 (인지된) 난해함에 기반하며, 이 중 유명한 것이 RSA$^{\text{Rivest - Shamir - Adleman}}$이다.

정의 5.7 (중간자 공격$^{\text{man-in-the-middle attack}}$**)**   **중간자 공격**은 앨리스와 밥이 서로 직접적으로 커뮤니케이션하고 있다고 믿는 가운데, 공격자인 이브가 앨리스와 밥 사이에서 메시지를 복호화하거나 변경하는 것이다.

정리 5.8   알고리즘 5.2의 디피−헬먼 키 교환은 중간자 공격에 취약하다.

증명 이브가 앨리스와 밥 사이의 모든 메시지를 가로채서 중계할 수 있다고 가정하자. 그것만으로는 중간자 공격이 가능하지 않고, 이브는 앨리스나 밥이 알아차리지 못하는 가운데 메시지를 복호화하거나 변경할 수 있어야 한다. 하지만 이브는 앨리스와 밥의 행동을 서로에게 모방^{emulate}할 수 있다. 이브는 앨리스와 밥에 대하여 각각 k'_A, k'_B를 선택하고 공통의 비밀 키인 $g^{k_A k'_B}$, $g^{k_B k'_A}$에 대해 서로 합의한다. 그러면 이브는 앨리스와 밥 사이의 모든 메시지를 복호화하고 심지어 필요하다면 변형도 하여 중계할 수 있게 된다. 이 가운데 앨리스와 밥은 자신들이 서로 안전하게 커뮤니케이션하고 있다고 여전히 믿는다.

부연 설명

- 이것은 마치 동시에 두 명의 그랜드마스터와 체스를 두는 것과 유사하다. 흑과 백을 각각 두며 그들의 수를 중계하면 본질적으로 그 둘이 서로 상대로 두게 하는 셈이다.

- 어떻게 이 상황을 해결할 수 있을까? 한 아이디어는 개인적으로 몰래 상대를 먼저 만나 공통의 비밀 키인 $k_{A,B}$를 교환하고 이를 안전한 커뮤니케이션의 키로 사용하는 것이다. 이제 중간자는 그 키를 변경할 수 없다.

정의 5.9 (순방향 비밀성$^{forward\ secrecy}$**)** 연속적으로 일어나는 안전한 커뮤니케이션 라운드는 **순방향 비밀성**이라는 속성을 지닌다. 이는 한 커뮤니케이션 라운드의 비밀 키를 이용해서 지난 커뮤니케이션 라운드들의 내용을 알아낼 수 없다는 의미다.

부연 설명

- 따라서 앨리스와 밥은 동일한 비밀 키를 여러 번 사용할 수 없다.

알고리즘 5.10 순방향 비밀성을 추가한 디피-헬먼 키 교환

> **입력:** 앨리스와 밥의 공통된 비밀 키 $k_{A,B}$와 원시근 g 를 갖는 소수 p
>
> **결과:** 중간자 공격에 취약하지 않고 순방향 비밀성이 있는 디피-헬먼 키 교환

1: 밥은 $1 \leq k_B \leq p - 2$인 랜덤한 수를 선택하고 앨리스에게 $k_{A,B}$로 암호화한 g^{k_B} mod p인 챌린지 c_B를 보낸다.

2: 앨리스는 $1 \leq k_A \leq p - 2$인 랜덤한 수를 선택하고 밥에게 $k_{A,B}$로 암호화한 g^{k_A} mod p인 챌린지 c_A를 보낸다.

3: 앨리스와 밥은 각각의 메시지를 복호화decryption하고, 앨리스는 $k_{A,B}$로 암호화한 $g^{k_B} + 1$를 챌린지에 대한 응답으로 밥에게 보낸다 (밥 또한 $g^{k_A} + 1$을 보낸다).

4: 복호화를 하여 앨리스가 $g^{k_A} + 1$을, 밥이 $g^{k_B} + 1$을 얻게 되면, $g^{k_A k_B}$ mod p를 해당 라운드의 키로 받아들인다.

보조정리 5.11 $k_{A,B}$를 사용한 암호화가 안전하다면, 알고리즘 5.10은 순방향 비밀성을 지니며 중간자 공격에 취약하지 않다.

증명 중간자 공격에서 이브는, 앨리스와 밥이 서로 직접 커뮤니케이션하고 있다고 믿게 하기 위해 $k_{A,B}$로 복호화와 암호화를 할 수 있어야 하지만 이는 앞의 보안 가정과 모순된다.

다음은 순방향 비밀성에 대해서다. 공격자인 이브는 한 커뮤니케이션 라운드의 비밀 키인 $g^{k_A k_B}$를 얻게 될 경우 해당 라운드의 메시지를 복호화할 수 있다. 이브가 $k_{A,B}$에 접근할 수 있다고 해도, 이전 커뮤니케이션 라운드들에서 생성된 키들에는 접근할 수 없다.

부연 설명

• 순방향 비밀성은 과거의 커뮤니케이션 라운드에만 적용할 수 있다는 점을 명심하자. 이브가 $k_{A,B}$를 획득하면 미래의 커뮤니케이션 라운드에서 중간자 공격이 가능하다.

• 하지만 새로운 불편한 점이 하나 생겼다. 앨리스와 밥이 사전에 비밀 키인 $k_{A,B}$에 대해 동의를 이뤄야 한다는 점이다. 그뿐 아니라, n명의 참여자가 있을 경우에는 모든 참여자마다 $n - 1$개의 다른 키가 필요하다.

5.2 공개 키 암호

"모두를 사랑하되 몇 사람만 믿으라."

— 윌리엄 셰익스피어

정의 5.12 (**공개 키 암호**public key cryptography)　　**공개 키 암호** 방식은 두 개의 키를 사용한다. 공개 키 k_p (모두에게 알려진다)와 비밀(비공개) 키 k_s (키의 소유자만 알고 있다)다. 비밀 키로 암호화한 메시지는 그와 연계된 공개 키로 복호화할 수 있다. 이와 유사하게, 공개 키로 암호화한 메시지도 그와 연계된 비밀 키로 복호화할 수 있다.

부연 설명

- 잘 알려진 공개 키 암호 시스템으로는 RSA와 타원곡선elliptic curve 암호가 있다.

- 공개 키 암호 방식을 이용하면 키의 개수가 줄어든다. 개개인은 각자의 비밀 키와 공개 키만 필요할 뿐이다.

- 공개 키 암호 방식은 다음과 같이 개념적으로 생각할 수 있다. 비밀 키는 특정 유형의 자물쇠를 여는 물리적인 (비밀) 키이고, 이 유형의 자물쇠는 자유로이 구할 수 있다. 공개 키 또한 물리적인 키이며 자유로이 구할 수 있지만 (비공개된) 특정 유형의 자물쇠만 열 수 있다. 앨리스가 밥에게 암호화된 메시지를 보내고 싶다면, 앨리스는 밥의 공개 자물쇠를 메시지 컨테이너에 적용하면 된다. 그러면 밥만 그 자물쇠를 열 수 있다. 마찬가지로 앨리스가 밥에게 보내는 메시지가 진짜임을 인증authenticate하려면 앨리스는 비밀 자물쇠로 컨테이너를 잠그면 된다. 그러면 앨리스의 공개 키로만 해당 자물쇠를 열수 있다. 마지막으로 앨리스가 암호화와 인증을 함께 확보하려면, 메시지 컨테이너에 앨리스의 비밀 자물쇠와 밥의 공개 자물쇠를 모두 적용하면 된다.

- 이제 디피−헬먼 알고리즘을 공개 키 암호 방식으로 확장해볼 것이다.

알고리즘 5.13 엘가말^{Elgamal} 공개 비밀 키 생성

입력: 공개적으로 알려진 소수 p 와 p의 원시근 g

결과: 앨리스는 공개 키와 비밀 키를 생성한다.

   1: 앨리스는 $1 \leq k_s \leq p - 2$인 임의의 k_s를 비밀 키로 선택한다.

   2: 앨리스는 공개 키로 $k_p = g^{k_s} \bmod p$를 계산한다.

부연 설명

• 앨리스는 p, g, k_p를 공개해도 되지만 k_s만은 혼자 간직해야 한다.

• 이제 인증을 다루기에 앞서 암호화에 대해서 살펴볼 것이다.

알고리즘 5.14 엘가말 공개 키 암호화와 복호화

입력: 앨리스와 밥 모두 p, g, k_p를 알고 있으며, 앨리스는 k_s를 안다.

결과: 밥은 앨리스에게 암호화된 메시지를 보내고, 앨리스는 이를 복호화할 수 있다.

   1: 밥은 $1 \leq m \leq p - 2$인 메시지와 $1 \leq x \leq p - 2$인 임의의 수를 고른다.

   2: 밥은 $g^x \bmod p$와 $c = m \cdot k_p^x \bmod p$를 앨리스에게 보낸다.

   3: 앨리스는 먼저 $y = \left(g^x\right)^{p-k_s-1} \bmod p$를 계산한다.

   4: 이제 앨리스는 $m = y \cdot c \bmod p$를 얻는다.

정리 5.15 (**페르마의 소정리**^{Fermat's little theorem}) p를 소수라 하자. 그러면 $a \in \mathbb{N}$일 경우, $a^p = a \bmod p$이다. a가 p로 나뉘지 않으면 $a^{p-1} = 1 \bmod p$를 충족한다.

보조정리 5.16 알고리즘 5.14는 올바르다. 증명은 다음과 같다.

$$y \cdot c = \left(g^x\right)^{p-k_s-1} \left(m \cdot k_p^x\right) \bmod p$$

$$= \left(g^x\right)^{p-k_s-1} \left(m \cdot \left(g^{k_s}\right)^x\right) \bmod p \quad (k_p = g^{k_s} \bmod p \text{이므로})$$

$$= \left(g^x\right)^{p-k_s-1} m \cdot \left(g^x\right)^{k_s} \bmod p$$

$$= m\left(g^x\right)^{p-1} \bmod p$$

$$= m \bmod p \text{ (정리 5.15에 의해)}$$

부연 설명

- 이제 누군가에게 공개 키 암호 방식으로 암호화된 메시지를 보낼 수 있다. 하지만 인증은 어떻게 할까?

- 이번에도, 정수론 기초 개념을 먼저 살펴볼 필요가 있다.

정의 5.17 (**최대공약수**greatest common divisor, gcd) 두 정수 i_1, i_2의 **최대공약수**는 i_1과 i_2를 나머지 없이 나눌 수 있는 최대 정수를 일컫는다.

정리 5.18 소수 p와 $\gcd(i, p) = 1$인 정수 i가 있다고 하자. $a_1, a_2 \in \mathbb{N}$이고, $a_1 = a_2 \bmod (p-1)$이면 $i^{a_1} = i^{a_2} \bmod p$이다.

부연 설명

- 곱셈 역원인 모듈로 p (이 알고리즘에서는 $x^{-1} \bmod p$)는 확장 유클리디언extended Euclidean 알고리즘 등을 이용해서 계산이 가능하다.

알고리즘 5.19 엘가말 인증

입력: 앨리스와 밥 모두 p, g, k_p를 알고 있으며, 앨리스는 k_s를 안다.

결과: 앨리스는 $1 \le m \le p - 2$의 메시지 m에 서명하며 밥은 이를 인증한다.

1: 앨리스는 $1 \le x \le p-1$이며 $\gcd(x, p-1) = 1$인 임의의 수 x를 고른다.

2: 앨리스는 $a = g^x \bmod p$와 $b = x^{-1} \bmod (p-1)$를 계산한다.

3: 앨리스는 $d = (m - ak_s)b \bmod (p-1)$를 계산한다.

4: 앨리스는 메시지 m과 서명 (a, d)을 밥에게 송신한다.

5: 밥은 $1 \le a \le p-1$이 아니라면 거절한다.

6: 밥은 $k_p^a a^d = g^m \bmod p$일 경우 m에 대한 앨리스의 서명을 승인한다.

보조정리 5.20 알고리즘 5.19는 올바르다. 증명은 다음과 같다.

$d = (m - ak_s)x^{-1} \bmod (p-1)$이므로 다음이 도출된다.

$$dx = m - ak_s \bmod (p-1) \Rightarrow m = dx + ak_s \bmod (p-1)$$

정리 5.18에 따라 $g^{dx+ak_s} = g^m \bmod p$이다. 따라서 다음이 성립한다.

$$k_p^a a^d \bmod p = \left(g^{k_s}\right)^a \left(g^x\right)^d = g^{ak_s} g^{dx} \bmod p = g^m \bmod p$$

부연 설명

- 엘가말 공개 키 암호 방식의 보안 역시 이산대수문제의 어려움에 의존한다.

- 이제 공개 키 암호 방식을 사용하여 메시지를 인증할 수 있다. 즉, 앨리스의 공개 키와 비밀 키가 대응하는 것을 확인할 수 있다.

- 하지만 우리의 오래된 문제는 아직 그대로다. 앨리스의 공개 키가 실제로 앨리스의 소유인지 어떻게 아는가? 이브가 앨리스인 척할 수도 있는데? 피터 스타이너가 남긴 명언이 있다. "인터넷에선 아무도 당신이 개라는 것을 모릅니다."

- 비밀 키를 교환하기 위해 다른 모든 사람을 개인적으로 만나는 것 말고, 무엇을 할 수 있을까? 답은 다수를 신뢰하기 위해 일부를 신뢰하는 것에 있다. 당신은 앨리스를 모르지만, 앨리스와 당신 모두 도리스를 안다. 당신이 도리스를 신뢰한다면, 도리스가 당신을 위해 앨리스의 공개 키를 검증할 수 있다. 향후에는 앨리스에게 앨리스의 다른 친구들에 대해서도 보증해달라고 요청할 수도 있다.

- 신뢰 문제는 실제 사람에게만 제한되는 문제가 아니다. 특히 앨리스와 도리스의 경우처럼 키가 사람을 대신하기 때문이다. 페이팔 같은 웹사이트를 예로 들어보자. 신용카드 정보를 준 것이 페이팔인지 아니면 유명한 악당 이브인지 어떻게 알 수 있는가? 주위에 페이팔을 사적으로 아는 사람도 없을 텐데 말이다.

정의 5.21 (**신뢰망**web of trust) $G = (V, E)$가 두 개의 노드 u, v 간의 신뢰를 간선edge으로 나타내는 그래프라고 하자. 두 노드 u, w에 대해, u에서 w로 가는 경로가 G에 존재한다면 u는 w를 신뢰한다고 한다.

부연 설명

- 따라서 누군가에 대한 인증이 필요하다면 신뢰망에서 그들에게 가는 경로를 찾을 필요가 있다.

- 실제로는, 신뢰망은 다소 복잡하다. 다양한 신뢰의 수준을 지정할 수 있는데, 짧은 거리에 있는 일부만 신뢰할 수도 있기 때문이다.

- 이 모든 상황은 닭과 달걀의 문제와 유사하다. 초반에 당신은 누구도 믿지 않고, 다른 누구 역시 당신을 믿지 않는다. 따라서 잘 연결된 노드를 찾아 그 노드로부터 신뢰를 얻으면 좋을 것 같다. 이것이 인증 기관이 필요한 이유가 된다.

정의 5.22 (**인증 기관**certificate authority, CA) **인증 기관**은 신뢰망에서 많은 노드로부터 신뢰받는 노드를 일컫는다.

부연 설명

- CA(혹은 일반적으로 노드)와 현실의 친구 사이의 주요 차이점은 신뢰가 상호적일 필요가 없다는 것이다. 신뢰망에서 간선은 방향성을 가질 수 있다. 노드 u가 v를 신뢰한다고 해서 v가 u를 꼭 신뢰할 필요는 없다.

- 사용자들은 시스템이나 브라우저에 사전 탑재된 일부 CA에서 신뢰를 찾게 되며, 이를 루트 인증서root certificate라고 한다. 특정 노드를 신뢰할 수 있는지 알고

싶다면, 해당 CA로부터의 경로(신뢰 체인chain of trust)를 알려준다. 더 구체적으로는 (CA를 신뢰할 경우) 확인해볼 수 있는 서명 또한 제공될 것이다.

- 다시 말하지만, 누구나 다양한 수준의 신뢰를 구현할 수 있다. 예를 들어 거리가 짧은 경로만 신뢰하는 경우도 있다.

- CA가 손상될 수도 있다. 이러한 상황에 대해, 서명을 위한 키가 손상되었는지 체크할 수 있게 하는 키 폐기revocation의 아이디어가 제안된 바 있다. 이 경우 비밀 키를 보유한 누구나 상황에 대응하는 인증서를 생성할 수 있다. 키의 유효기간도 생성하자는 아이디어도 있다.

- 완전히 다른 성격의 문제로, 사용자의 루트 인증서들의 집합이 손상될 수도 있다. 예를 들어 악의적인 소프트웨어가 디바이스에 새로운 루트 인증서를 추가하는 경우다.

5.3 비밀 분산 및 벌크 암호화

"비밀은 셋 중 둘이 죽었을 때만 지킬 수 있다."

– 벤저민 프랭클린

정의 5.23 (**완전 비밀성**perfect secrecy) 암호화된 메시지가 공격자에게 메시지의 최대 길이 외에는 아무런 정보도 노출하지 않을 때 그 암호 알고리즘은 **완전 비밀성**을 갖는다고 한다.

정의 5.24 (**임계 비밀 분산**threshold secret sharing) t, $n \in \mathbb{N}$이고 $1 \leq t \leq n$인 t와 n이 있다고 하자. n명의 참여자 사이에 분배된 비밀을 복구하기 위해서는 t명의 참여자가 협력해야 하는 알고리즘을 (t, n)-**임계 비밀 분산** 방식이라 일컫는다.

알고리즘 5.25 (n, n)-임계 비밀 분산

입력: 길이 $l(k)$의 이진 표현으로 인코딩된 비밀 k

비밀 분배

1: $n - 1$개의 길이 $l(k)$인 임의의 이진수 k_i를 생성하고 $n - 1$명의 참여자에게 분배한다.

2: k와 $k_1, \cdots, k_{n-1}$의 XOR 결과인 k_n(즉 $k_n = k \oplus k_1 \oplus k_2 \oplus \cdots \oplus k_{n-1}$)을 참여자 n에게 준다.

비밀 복구

1: 모든 n개의 값 $k_1, \cdots, k_n$을 모아서 $k = k_1 \oplus k_2 \oplus \cdots \oplus k_{n-1} \oplus k_n$을 구한다.

정리 5.26 <u>알고리즘 5.25</u>는 $n - 1$명의 참여자들이 공모하더라도 완전 비밀성을 갖는다.

증명 이 정리는 임의의 비트열에 XOR 연산 $\oplus$을 적용하면 그 결과 k가 무작위의 비트열이 되므로 성립한다.

부연 설명

- (t, n)-임계 비밀 분산 방식에서 어떻게 완전 비밀성을 가질 수 있을까?

알고리즘 5.27 (t, n)-임계 비밀 분산

입력: 실수$^{\text{real number}}$로 표현되는 비밀 k

비밀 분배

1: $t - 1$개의 임의의 수 $a_1, \cdots, a_{t-1} \in \mathbb{R}$ 을 생성한다.

2: 차수 $t - 1$의 다항식 $f(x) = k + a_1 x + \ldots + a_{t-1} x^{t-1}$를 구한다.

3: n개의 서로 다른 $x_1, \cdots, x_n \in \mathbb{R} \setminus 0$를 생성한다.

4: $(x_1, f(x_1))$를 참여자 $P_1, \cdots, (x_n, f(x_n))$를 P_n에게 분배한다.

비밀 복구

1: 최소한 t명의 참여자로부터 t개의 쌍 $(x_i, f(x_i))$를 모은다.

2: 라그랑주 보간 공식Lagrange's interpolation formula을 사용해 $f(0) = k$를 구한다.

부연 설명

- 최대 $t - 1$개의 쌍 $(x_i, f(x_i))$에 대해, $f(0)$이 각기 다른 무수히 많은 다항식이 존재한다.

- (t, n)-임계 비밀 분산 방식에는 다른 많은 프로토콜이 존재한다. 예를 들어 초평면 교차intersecting hyperplanes가 있다.

- 실무에서는 실수 대신 소수의 위수prime order의 유한체finite field가 사용된다.

- 이제 지금까지 다룬 아이디어를 완전 비밀성을 갖는 벌크 암호화 알고리즘으로 발전시킬 수 있다.

정의 5.28 (**벌크 암호화 알고리즘**bulk encryption algorithm)　**벌크 암호화 알고리즘**은 어떠한 크기의 메시지도 안전하게 암호화할 수 있다.

알고리즘 5.29　일회성 패드one-time pad

입력: 앨리스가 알고 있는 메시지 m, 앨리스와 밥이 알고 있는 길이 $l(k)$의 대칭 키 k(임의의 비트열)

암호화

1: 앨리스는 밥에게 $c = m \oplus k$를 보낸다.

복호화

    1: 밥은 $m = c \oplus k$를 계산하여 m을 구한다.

따름정리 5.30   알고리즘 5.29는 완전 비밀성을 갖는다.

부연 설명

• 알고리즘 5.29는 큰 약점이 있다. 앨리스와 밥은 사전에 큰 임의의 수에 대해 동의해야 한다! 첩보원에게 적합하겠지만 일상 사용에는 실용적이지 않다.

• 메시지의 길이에 대한 정보도 제거하기 위해 패딩^{padding}을 사용할 수 있다. 임의의 비트를 비밀에 추가하는 방식 등이다.

정의 5.31 (전자 코드북$^{electronic\ codebook,\ ECB}$**)** x개의 비트로 이뤄진 블록을 암호화하는 방법을 기반으로, **ECB**는 길이 rx의 메시지를 길이 x를 갖는 r개의 블록으로 나눠 각 블록을 따로 암호화한다.

부연 설명

• 동일한 일회성 패드를 사용하여 작은 블록들을 암호화할수 있다면, 큰 메시지를 쉽게 암호화할 안전한 방법이 있는가?

• 동일한 길이의 m_1, m_2 메시지 블록을 k로 암호화했을 때 각각 c_1, c_2가 나왔다고 하자. $m_1 \oplus m_2 = c_1 \oplus c_2$를 구할 수 있기에 m_1과 m_2에 대한 정보가 노출된다.

정의 5.32 (암호 블록 연쇄$^{ciper\ block\ chaining,\ CBC}$**)** x개의 비트로 이뤄진 블록을 암호화하는 방식 f을 기반으로, **CBC**는 길이 rx의 메시지를 다음과 같이 암호화한다. 메시지를 길이 x의 블록 r개인 m_1, m_2, $\cdots$, m_r로 나누고 각 블록(의 평문)을 암호화된 이전 블록과 XOR하여 암호화한다. 즉 $c_i = f(m_i \oplus c_{i-1})$이고, 첫 번째 블록 c_0은 무작위로 초기화한다.

부연 설명

- 그럼 이런 방법들은 안전한가? 앞의 부연 설명에 쓴 동일한 방식으로, 가령 $m_4 \oplus m_5$를 여전히 구할 수 있다.

- CBC는 연속된 블록들을 암호화할 때 쓰이는 일반적인 기술 중 하나다. 더 진보한 알고리즘들은 이러한 일회성 패드의 간단한 공격에 취약하지 않다. 예를 들어 고급 암호화 표준$^{\text{Advanced Encryption Standard}}$(AES)이 있다. AES와 CBC를 함께 사용하는 것이 벌크 암호화 알고리즘의 한 예이다. AES의 작동법은 이 짧은 장에서 다루는 범위를 넘어선다.

5.4 메시지 인증 & 패스워드

"나를 따라 하는 사람들이 워낙 많다던데 내 실수까지 카피한다고 들었다."

– 지미 헨드릭스

정의 5.33 (**리플레이 공격**$^{\text{replay attack}}$) **리플레이 공격**은 앨리스가 밥에게 이전에 보냈던 유효한 메시지를, 엿듣는 자인 이브가 밥에게 다시 보내는 것이다.

부연 설명

- 리플레이 공격을 방지하는 간단한 방법은 메시지에 타임스탬프를 포함하는 것이다. 타임스탬프가 너무 오래되었거나 동일한 타임스탬프의 메시지가 중복되어 수신되었다면 밥은 리플레이 공격을 감지할 수 있다. 다른 아이디어로는 **논스**^{nonce}(오직 한 번만 사용되는 숫자)를 적용하여, 송신자와 수신자가 현재까지 사용된 논스를 기록하는 것이다.

- 또 다른 문제는 공격자가 내용을 모르는 상태에서도 암호화된 메시지를 수정할 수 있다는 것이다.

정의 5.34 (**가소성**^{malleability}) 암호문 c가 c'으로 수정되었는데도 수신자가 이를 지각하지 못한 상태로 다른 메시지 m'으로 복호화될 수 있다면, 그 암호 알고리즘은 **가소성**을 가진다고 한다.

부연 설명

- 엘가말 암호 알고리즘 5.14는 가소성을 지닌다. 공격자가 $c = m \cdot k_p^x \bmod p$를 $z \cdot c$로 중계하면 이는 zm의 유효한 복호화로 이어질 수 있다.

- 따라서 메시지가 공격자에 의해 수정되지 않도록 하는 방법이 필요하다. 자연스런 해결책은 해시 함수이다. 자연스러운 한 가지 방법은 일방향 해시 함수다.

정의 5.35 (**일방향 해시 함수**^{one-way hash function}) 해시 함수 $h: U \to S$는, $z \in S$가 주어졌을 때 $h(x) = z$인 원소 $x \in U$를 찾는 것이 연산적으로 어려울 때 **일방향 해시 함수**라고 한다.

정의 5.36 (**충돌 저항 해시 함수**^{collision resistant hash function}) 해시 함수 $h: U \to S$는 $h(x) = h(y) \in S$를 충족하는 $x \neq y, x, y \in U$를 찾는 것이 연산적으로 어려울 때 **충돌 저항 해시 함수**라고 한다.

부연 설명

- 충돌 저항 해시 함수는 일방향성도 지니는 것을 증명할 수 있다.

정리 5.37 충돌 저항 해시 함수의 예시를 보자. $p = 2q + 1$는 안전 소수이며 p의 두 원시근이 $g_1 \neq g_2$라고 하자. $h(x_1, x_2) = g_1^{x_1} g_2^{x_2} \bmod p$인 해시 함수 $h: \{0, \cdots, q - 1\} \times \{0, \cdots, q - 1\} \to \mathbb{Z} \setminus 0$는 충돌 저항 해시 함수이다.

부연 설명

- 간단한 예로 원시근 $g_1 = 2$와 $g_2 = 3$인 소수 $p = 5$를 들어보자. $x_1 = 3$과 $x_2 = 4$이면 $h(3, 4) = 2^3 \, 3^4 \bmod 5 = 3 \bmod 5$를 얻는다.

- 암호학에서 사용되는 잘 알려진 해시 함수로는 SHA$^{\text{secure hash algorithm}}$와 MD 알고리즘$^{\text{message-digest algorithm}}$이 있다.

- 정리 5.37에서 기술한 해시 함수에서의 충돌을 찾는 것은 이산대수문제 $\log_{g_1} g_2$를 푸는 것과 동일하다. 이산대수문제는 연산적으로 어렵다고 가정하므로, 이 해시 함수는 충돌 저항 해시 함수이다.

- 충돌 저항 해시 함수가 어떤 서비스에서 패스워드를 저장하는 데 사용하기 적합하다고 생각할 수도 있다. 예를 들어 각 패스워드의 해시값을 저장하고 사용자의 입력과 비교하는 방식으로 말다. 그러면 해시가 유출되어도 공격자 이브는 패스워드를 복구할 수 없을 것이다. 과연 복구할 수 없을까?

- 실제로 많은 사용자가 보안 대신 편리함을 위해 짧은 패스워드를 사용한다. 이브는 "password" 같은 일반적인 패스워드의 해시값들을 샘플링하여, 이러한 간단한 패스워드를 사용하는 모든 사용자의 패스워드를 알아낼 수 있다. 이런 공격에 대응하기 위해 **솔팅**^{salting}이란 기술을 사용한다. 서비스는 해시값를 저장하기 전에 각 패스워드에 임의의 비트열(**솔트**^{salt})을 추가한다(혹은 보안은 약하지만 간편하게 사용자 이름을 사용할 수도 있다). 각 사용자의 솔트가 알려진다고 해도 이브는 개별적으로 각 사용자의 해시를 공격해야 한다.

- 이브를 더 힘들게 하기 위해, 실행 시 많은 연산과 메모리가 필요하다고 증명된 해시 함수를 사용하는 것은 좋은 습관이다. 하지만 로그인을 빠르게 하고 싶어 하는 실제 사용자들이 있기에 트레이드오프가 존재한다.

- 많은 웹 서비스는 단순한 패스워드나 시도-응답$^{\text{challenge-response}}$ 시스템 대신 안전한 2단계 인증$^{\text{two factor authentication}}$(예: 휴대폰 이용)을 이미 제공한다. 하지만 보안과 편리함 사이에는 트레이드오프가 존재한다.

- 암호화된 메시지의 해시를 포함하면 가소성에 대해 저항성을 가질 수 있을까? 그렇지 않다. 해시 함수는 비밀이라고 가정되지 않으므로 메시지를 수정하는 공격자가 해시도 수정할 수 있다. 아무도 모르게 해시가 수정되는 것을 어떻게 방지할 수 있을까? 해답은 HMAC이다.

정의 5.38 (메시지 인증 코드message authentication code, MAC) **메시지 인증 코드**는 메시지가 원래의 송신자로부터 왔고 수신자에게 도달할 때까지 변경되지 않았음을 입증하는 비트열이다.

정의 5.39 (해시 기반 메시지 인증 코드hash-based message authentication code, HMAC) **해시 기반 메시지 인증 코드**는 비밀 키와 조합하여 충돌 저항 해시 함수를 사용하는 MAC이다.

알고리즘 5.40   해시 기반 메시지 인증 코드 생성

> **입력**: 앨리스가 밥에게 보낼 암호화된 메시지 c, 공개적으로 알려진 해시 함수 h (정리 5.37), 앨리스와 밥이 알고 있는 비밀 키 $1 \leq k \leq c$
>
> **결과**: c에 대한 HMAC. 밥은 이를 검증할 수 있어야 한다.
>
> 1: 앨리스는 $h_A = h(k, h(k, c))$를 계산하고 밥에게 c와 h_A를 보낸다.
> 2: 밥은 $h_B = h(k, h(k, c))$를 계산하고 $h_A = h_B$인지 확인한다.

부연 설명

- 실제로, $k > c$라면, k는 더 작은 크기로 해시된다. 또한 추가적인 보안을 위해 패딩이 추가될 것이다.

- 공격자가 메시지를 변경하고 싶다면 HMAC 또한 변경해야 할 것이다. HMAC을 변경하려면 비밀 키 k를 알아야 한다.

- 알고리즘 5.40은 모든 충돌 저항 해시 함수와도 사용될 수 있다.

5.5 전송 계층 보안

이제 네트워크 보안을 이해하기 위한 핵심 요소들은 모두 살펴봤다.

프로토콜 5.41 (**전송 계층 보안**^{Transport Layer Security, TLS}) TLS는 서버와 클라이언트가 안전한 방법으로 커뮤니케이션하기 위한 정보를 교환하는 네트워크 프로토콜이다. 주요 기능으로 키 교환 프로토콜(5.1절), 클라이언트에 대한 서버의 인증(5.2절), 벌크 암호화 알고리즘(5.3절), 메시지 인증 알고리즘(5.4절)를 포함한다.

부연 설명

• TLS는 보안 소켓 계층^{Secure Socket Layer}(SSL)의 뒤를 잇는다. 하지만 실무에서는 가끔 SSL이라는 용어가 (더 최신인) TLS를 포함하는 의미로 사용되기기도 한다.

• HTTPS^{HyperText Transfer Protocol Over Secure Socket}는 그 자체로는 프로토콜이 아니며, TLS나 SSL을 통해 HTTP를 사용하는 방식을 의미한다.

• 시큐어 셸^{Secure Shell}(SSH)은 SSL과 이름은 비슷하지만 종류가 다른 것으로, 클라이언트가 커맨드라인 인터페이스 등을 통해 원격으로 서버에 접속하게 하는 프로토콜이다.

챕터 노트

일방향 함수의 개념은 예상 외로 오래되었다. 1874년 윌리엄 스탠리 제번스는 "어떤 두 수를 곱했을 때 8616460799가 나오는지 아는 독자가 있을까? 나 외에 다른 사람이 알 가능성은 거의 없을 것 같다."[Jev74]라고 저술했다. 비밀을 밝혀버리자면, 답은 89681×96079이다.

디피−헬먼 키 교환은 아주 중대한 논문 [DH76]에서 발표되었으나, 영국 정보통신본부 GCHQ의 발표되지 않은 연구 또한 병행적으로 진행되었다. 디피−헬먼 키 교환 방식 해독의 어려움을 보여주는 연구는 [dB88], [Mau94], [Sho97] 등을 참조한다. 디피−헬먼 키 교환에서 매개변수^{parameter}를 선택하는 방법은 RFC 3526(`https://tools.ietf.org/html/rfc3526`)을 참조하라. 오늘날에도, [Adl79] 등 이산대수문제를 푸는 가장 빠른 알고리즘은 여전히 실무에서 쓸 수 없는 런타임을 가진다.

<u>알고리즘 5.10</u>에서 한 참여자의 수에 1을 증가한 후 다른 참여자에게 암호화된 값을 반환하도록 요구하는 아이디어는 커버로스 프로토콜^{Kerberos protocol}에서 차용했다.

엘가말 암호 시스템은 1984년 타헤르 엘가말^{Taher Elgamal}이 발표했으며[Gam84] 이는 RSA이 나온 지 몇 년 후이다[RSA78].

최초의 결정론적 소수 판별 다항식^{polynomial primality test} 알고리즘은 [MA04]에 발표되었으며, 더 향상된 $\widetilde{O}(\log^6 p)$ 런타임의 알고리즘은 *https://math.darmouth. edu/~carlp/aks041411.pdf*에서 확인 가능하다. 밀러-라빈 소수판별법^{Miller-Rabin primality test}은 [Rab80]과 [Mil76]에서 가져왔다. 정수론에 대한 개요는 [SO85] 등을 추천한다.

신뢰망에 대한 개념은 1992년 필 치머만^{Phil Zimmermann}이 제안했다. 인증서 체인과 키 폐지는 RFC 5280(*https://tools.ietf.org/html/rfc5280*)를 참조한다.

<u>정리 5.37</u>에서 기술한 충돌 저항 해시 함수는 [CvHP91]에서 발표되었으며, 가령 [Sti95]처럼 이산대수문제로의 축소^{reduction}를 위해 쓰였다. 이 해시 함수의 런타임은 실무에서 쓰기엔 너무 크지만 다른 관련 연구들과 비교해 비교적 이해하기가 쉽기에 골랐다.

이어서 <u>알고리즘 5.40</u>에서 기술한 HMAC은 RFC2014(*https://tools.ietf. org/html/rfc2014*)에서 가져왔으며, RFC 6151(*https://tools.ietf.org/ html/rfc6151*)에서 보안 업데이트 사항을 확인할 수 있다.

이 장에서 논의한 비밀 분산 방식들은 [Sha79]에서 가져왔고, [Bla79]에서 비슷한 작업이 병행적으로 이루어졌으며, 일회성 패드와의 관련성도 [Bla80]에서 논의되었다.

CBC는 ECB보다 우월하지만 불리한 점이 하나 있다. ECB의 복호화는 병렬화될 수 있으나 CBC의 복호화는 순차적이어야 한다. 이러한 관점에서 AES 암호화는 대칭 키 알고리즘이며 레인달Rijndael 암호에 기반한다. AES에 대한 세부 사항은 *http://csrc.nist.gov/publications/fips/fips197/fips-197.pdf*에서 확인할 수 있다. 키 길이가 128,192(256비트)인 AES는 데이터 암호 표준Data Encryption Standard(DES)를 대체했는데, 이는 DES의 키 길이 56비트가 무차별 대입 공격brute-force attack에 더 이상 충분히 안전하지 않기 때문이었다.

이번 장은 이산대수문제에 기반을 두지만, 유사한 특징을 가진 다른 문제들도 존재한다. 한 후보로 인수분해factorization 문제가 있다. 비트코인 같은 오늘날의 여러 시스템은 타원곡선에 기반한 암호 방식을 사용한다.

컴퓨터 보안 주제의 일반적인 개괄을 읽고 싶다면 [PHS03]과 [FS03]을 추천한다. 마지막으로, 매우 일반적인 권고 사항이 하나 있다. 무엇을 하는지 제대로 아는 게 아닌 이상 자체적인 암호 시스템을 구현하지 않는 것이 좋다. 놓치기 쉬운 점들이 너무나 많기 때문이다.

참고 문헌

[Adl79]   Leonard Adleman. A subexponential algorithm for the discrete logarithm problem with applications to cryptography. In *Proceedings of the 20th Annual Symposium on Foundations of Computer Science*, SFCS '79, pages 55–60, Washington, DC, USA, 1979. IEEE Computer Society.

[Bla79]   G. R. Blakley. Safeguarding cryptographic keys. In *Proceedings of the 1979 AFIPS National Computer Conference*, pages 313–317, Monval, NJ, USA, 1979. AFIPS Press.

[Bla80]   G. R. Blakley. One time pads are key safeguarding schemes, not cryptosystems fast key safeguarding schemes (threshold schemes) exist. In *Proceedings of the 1980 IEEE Symposium on Security and Privacy, Oakland, California, USA, April 14-16, 1980*, pages 108–113. IEEE Computer Society, 1980.

[CvHP91] David Chaum, Eugène van Heijst, and Birgit Pfitzmann. Cryptographically strong undeniable signatures, unconditionally secure for the signer. In Joan Feigenbaum, editor, *Advances in Cryptology - CRYPTO '91, 11th Annual International Cryptology Conference, Santa Barbara, California, USA, August 11-15, 1991, Proceedings*, volume 576 of *Lecture Notes in Computer Science*, pages 470–484. Springer, 1991.

[dB88] Bert den Boer. Diffie-hillman is as strong as discrete log for certain primes. In Shafi Goldwasser, editor, *Advances in Cryptology - CRYPTO '88, 8th Annual International Cryptology Conference, Santa Barbara, California, USA, August 21-25, 1988, Proceedings*, volume 403 of *Lecture Notes in Computer Science*, pages 530–539. Springer, 1988.

[DH76] Whitfield Diffie and Martin E. Hellman. New directions in cryptography. *IEEE Trans. Information Theory*, 22(6):644–654, 1976.

[FS03] Niels Ferguson and Bruce Schneier. *Practical cryptography*. Wiley, 2003.

[Gam84] Taher El Gamal. A public key cryptosystem and a signature scheme based on discrete logarithms. In G. R. Blakley and David Chaum, editors, *Advances in Cryptology, Proceedings of CRYPTO '84, Santa Barbara, California, USA, August 19-22, 1984, Proceedings*, volume 196 of *Lecture Notes in Computer Science*, pages 10–18. Springer, 1984.

[Jev74]   William Stanley Jevons. *The Principles of Science: A Treatise on Logic and Scientific Method.* Macmillan & Co., 1874.

[MA04]   Nitin Saxena Manindra Agrawal, Neeraj Kayal. PRIMES Is in P. *Annals of Mathematics*, 160(2):781–793, 2004.

[Mau94]   Ueli M. Maurer. Towards the equivalence of breaking the diffie-hellman protocol and computing discrete algorithms. In Yvo Desmedt, editor, *Advances in Cryptology - CRYPTO '94, 14th Annual International Cryptology Conference, Santa Barbara, California, USA, August 21-25, 1994, Proceedings*, volume 839 of *Lecture Notes in Computer Science*, pages 271–281. Springer, 1994.

[Mil76]   Gary L. Miller. Riemann's hypothesis and tests for primality. *J. Comput. Syst. Sci.*, 13(3):300–317, December 1976.

[PHS03]   Josef Pieprzyk, Thomas Hardjono, and Jennifer Seberry. *Fundamentals of computer security.* Springer, 2003.

[Rab80]   M. O. Rabin. Probabilistic algorithms for testing primality. *J. Number Theory*, 12:128–138, 1980.

[RSA78]   R. L. Rivest, A. Shamir, and L. Adleman. A method for obtaining digital signatures and public-key cryptosystems. *Commun. ACM*, 21(2):120–126, February 1978.

[Sha79]   Adi Shamir. How to share a secret. *Commun. ACM*, 22(11):612–613, 1979.

[Sho97]   Victor Shoup. Lower bounds for discrete logarithms and related problems. In Walter Fumy, editor, *Advances in Cryptology - EUROCRYPT '97, International Conference on the Theory and Application of Cryptographic Techniques, Konstanz, Germany, May 11-15, 1997, Proceeding*, volume 1233 of *Lecture Notes in Computer Science*, pages 256–266.

Springer, 1997.

[SO85] Winfried Scharlau and Hans Opolka. *From Fermat to Minkowski: lectures on the theory of numbers and its historical development.* Undergraduate Texts in Mathematics. Springer, New York, 1985.

[Sti95] Douglas R. Stinson. *Cryptography - theory and practice.* Discrete mathematics and its applications series. CRC Press, 1995.

제6장

인증된 동의

비잔틴 노드는 수신한 메시지뿐만 아니라에 자신의 입력값에 대해서도 거짓말을 할 수 있다. 확실한 거짓을 탐지하고 비잔틴 노드의 능력을 제한할 수는 없을까? 메시지의 진위는 서명을 이용해서 검증할 수 있을 것이다.

6.1 인증 기반 동의

정의 6.1 (서명signature**)**   모든 노드가 다른 노드는 위조할 수 없도록 메시지를 **서명**하면 노드들이 서명된 메시지가 어디서 생성되었는지 믿고 판단할 수 있다. 메시지는 $\mathsf{msg}(x)$, 노드 u가 서명한 메시지는 $\mathsf{msg}(x)_u$로 표시한다.

알고리즘 6.2   인증 기반 비잔틴 동의

프라이머리primary p**의 코드**

1: **if** 입력이 1이면 **then**
2:      $\mathsf{value}(1)_p$를 브로드캐스트한다.
3:      1로 결정하고 종료한다.
4: **else**
5:      0으로 결정하고 종료한다.
6: **end if**

그 외 다른 모든 노드 v**의 코드**

7: **for** 모든 라운드 $i \in \{1, \cdots, f+1\}$에 대해 **do**
8:      S는 승인된 메시지 $\mathsf{value}(1)_u$의 집합이다.
9:      **if** $|S| \geq i$이고 $\mathsf{value}(1)^p \in S$이면 **then**
10:             $S \cup \{\mathsf{value}(1)_v\}$를 브로드캐스트한다.
11:             1로 결정하고 종료한다.
12:      **end if**
13: **end for**
14: 0으로 결정하고 종료한다.

부연 설명

- 알고리즘 6.2는 서명을 필요로 하는 바이너리 입력에 대한 동기식 동의 프로토 콜을 보여준다. 다른 모든 노드가 알고 있는 지정된 '프라이머리' p가 있다고 가 정하고, 이때 p의 값을 결정하는 것이 목표다.

정리 6.3 알고리즘 6.2는 $f + 1$라운드에 종료될 때까지 $f < n$개의 비잔틴 장애 를 허용할 수 있다.

증명 프라이머리 노드 p는 비잔틴이 아니며 p의 입력이 1이라고 가정하면, p는 첫 라운드에 $\mathsf{value}(1)_p$를 브로드캐스트할 것이다. 이는 모든 올바른 노드가 1로 결정하게 한다. p의 값이 0일 때는 서명된 메시지 $\mathsf{value}(1)_p$가 존재하지 않으며, 어떤 노드도 1로 결정할 수 없다.

다음은 프라이머리 p가 비잔틴일 경우다. 이 경우 알고리즘이 정확히 동작하기 위해서는 모든 올바른 노드가 동일한 값으로 결정해야 한다. 올바른 노드 u가 1 로 결정하는 모든 라운드 중 $i < f + 1$을 최솟값이라고 가정하자. 이 경우 u는 라 운드 i에서 값 1에 대해 다른 노드들로부터 최소 i개 메시지들의 집합인 S를 가 질 것이며 거기에 프라이머리 p의 1도 포함할 것이다. 그러므로 라운드 $i + 1 \leq f + 1$ 내에 모든 다른 올바른 노드들은 S와 값 1인 u의 메시지를 받을 것이고, 따 라서 1로 결정할 것이다.

(i에 대한 가정이 성립함을 모순을 통해 보이기 위해) 올바른 노드 u가 1로 결정 하는 모든 라운드 가운데 $i = f + 1$가 최솟값이라고 가정해보자. 그러면 u는 값 1 을 갖는 $f + 1$개의 메시지를 받았을 것이며 f개의 비잔틴 노드만이 존재하기에 받 은 메시지 중 한 개는 올바른 노드로부터 왔음이 틀림없다. 이 경우에는 다른 올 바른 노드 u'이 $j < i$라운드에서 1로 결정했어야 하는데 이는 i가 최소라는 가정 과 모순이다. 그러므로 이런 경우는 일어날 수 없다.

끝으로, $f + 1$라운드가 끝날 때까지 어떤 올바른 노드도 1로 결정하지 않았다면 모든 올바른 노드는 0으로 결정할 것이다.

부연 설명

- 이 알고리즘은 $f+1$ 라운드만 걸리며, 이는 정리 4.20에서 설명했듯 최적이다.

- 알고리즘 6.2는 서명을 이용하여 어떤 장애가 있든 동의를 이룬다. 이것은 정리 4.12와 모순되는 것인가? 정리 4.12의 증명에서 비잔틴 노드는 자신의 입력에 대해 모순된 정보를 배포할 수 있다고 가정했음을 상기하자. 메시지가 서명되어 있으면, 올바른 노드들이 이러한 행위를 탐지할 수 있다. 두 개의 모순된 메시지를 서명한 노드 u는 모든 노드에 자신이 비잔틴임을 증명하는 셈이 된다.

- 알고리즘 6.2는 4.1절에서 살펴본 유효성 요건들을 모두 충족하는가? 아니다! 프라이머리 노드가 비잔틴이라면 결정값을 좌우할 수 있다. 올바른-입력 유효성 요건을 충족하도록 이 알고리즘을 수정할 수 있을까? 물론이다! 이 알고리즘을 병렬적으로 $2f+1$개의 프라이머리 노드에 대해 실행한다. 0이나 1 중 하나는 최소 $f+1$번 발생할 것이며, 이는 하나의 올바른 프로세스가 우선적으로 해당 값을 가지고 있어야 한다는 의미이다. 이 경우에는 $f < n/2$개의 비잔틴 노드만을 감당할 수 있다.

- 프라이머리 노드가 올바른 노드라면, 알고리즘 6.2는 단지 두 번의 라운드만 필요하다. 임의의 입력값에 대해서도 그렇게 할 수 있을까? 또한, 동기화가 필요하다는 점이 이 프로토콜의 실현 가능성을 제한한다. 메시지가 유실될 수 있는 상황이거나 시스템이 비동기적이라면 어떻게 해야 할까?

6.2 프랙티컬 비잔틴 장애 허용

프랙티컬 비잔틴 장애 허용practical Byzantine fault tolerance (PBFT)은 노드 간의 상태 복제를 이루기 위한 최초의 그리고 아마도 가장 설명이 쉬운 프로토콜로서, 정의 2.8에서 설명한 비동기 네트워크의 비잔틴 노드를 고려한 것이다. 최적화하지 않은 매우 간단한 버전을 살펴보겠다.

정의 6.4 (**시스템 모델**^{system model}) $n = 3f + 1$개의 노드와 무한 개의 클라이언트가 있다. 최대 f개의 비잔틴 노드가 있으며 클라이언트 또한 비잔틴일 수 있다. 네트워크는 비동기이며 메시지는 지연 시간이 가변적이며 유실될 수 있다. 클라이언트는 요청을 보내고 올바른 노드는 상태 복제를 이루기 위해 이 요청들에 순서를 매긴다.

PBFT의 기본 개념은 다음과 같이 요약할 수 있다.

- 모든 노드는 서명을 통해 어떤 노드/클라이언트가 특정 메시지를 생성했는지 확실히 알 수 있다.

- 어떤 주어진 시간에 대해서도, 모든 노드는 하나의 지정된 노드를 **프라이머리**^{primary}로, 다른 노드들을 **백업**^{backup}으로 간주할 것이다. 가변적인 지연 시간 모델을 고려하므로, 요청들은 각기 다른 순서로 노드에 도달할 것이다. 프라이머리의 책임하에 있기에(이 기간을 **뷰**^{view}라고 부른다) 프라이머리는 직렬 변환기 (알고리즘 2.9 참고) 기능이 있다.

- 백업들은 프라이머리의 잘못된 행위를 감지하면 새로운 뷰를 시작하며, 라운드 로빈 순서 상으로 다음 노드가 프라이머리가 된다. 이 과정을 **뷰 전환**^{view change}이라 한다.

- 뷰 전환 이후, 새로운 올바른 프라이머리는 두 개의 올바른 노드가 요청들을 다른 순서로 실행하지 않도록 확실히 한다. 정보를 교환함으로써 백업들은 새로운 프라이머리가 비잔틴처럼 행동하는지 알아낼 수 있을 것이다.

정의 6.5 (**뷰**^{view})   뷰는 각 노드 i 기준의 로컬에서 음이 아닌 정수 v로 표현된다 (이때 i는 뷰 v**상에 있다**^{in view}고 부른다). v는 노드가 다른 뷰로 전환할 때마다 증가한다.

정의 6.6 (**프라이머리**^{primary} / **백업**^{backup})   뷰 v상에 있는 노드들은 노드 $v \bmod n$을 **프라이머리**로, 나머지 노드들은 **백업**으로 간주한다.

정의 6.7 (**순차 번호**^{sequence number}) 하나의 뷰에서, 노드는 프라이머리가 연이은 정수들을 **순차 번호**로 고르는 것에 의존한다. 순차 번호는 클라이언트가 보낸 요청들을 처리하기 위한 글로벌 순서(정의 2.8 참고)의 인덱스 역할을 한다.

부연 설명

- 모든 노드는 뷰 0에서 시작하여 특정 시간에 다른 뷰상에 있을 수 있다(즉 v에서 서로 다른 로컬 값을 가질 수 있다).

- 이 프로토콜은 올바른 노드가 순차 번호 s로 요청 r를 실행했을 때, 어떠한 올바른 노드도 요청 $r' \neq r$를 순차 번호 s로 실행하지 않을 것임을 보장한다(이는 보조정리 2.14와 다르지 않다).

- 올바른 프라이머리는 **조밀한**^{dense} 순차 번호를 선택한다. 예를 들어 올바른 프라이머리가 마지막 요청에 순차 번호 s를 제시했다면 다음 요청에서는 $s + 1$를 사용한다.

- 노드가 요청 r를 순차 번호 s로 안전하게 실행하는 것이 가능하려면, 해당 노드는 s로 r를 실행한다는 결정이 내려졌고 널리 알려졌다는 것을 인지할 때까지 기다려야 한다.

- 간단히 말하면, 노드는 해당 정보가 충분히 널리 배포되었음을 확실히 하기 위해 최소 $2f + 1$개의 노드로부터 확정^{confirmation} 메시지를 모을 것이다.

정의 6.8 (**승인된 메시지**^{accepted message}) 뷰 v상에 있는 올바른 노드는, 진위를 인증할 수 있고, 프로토콜의 스펙을 따르며, 그 구성 요소를 동일한 방식으로 검증 가능할 수 있고, 뷰 v에 속하는 메시지만 **승인**한다.

보조정리 6.9 ($2f + 1$ **쿼럼 교차**^{2f + 1 quorum intersection}) $|S_1| \geq 2f + 1$인 S_1과 $|S_2| \geq 2f + 1$인 S_2를 각각 노드들의 집합이라고 하자. 그러면 $S_1 \cap S_2$ 안에 올바른 노드가 존재한다.

증명 S_1, S_2가 최소 $2f+1$개의 노드 집합이라 하자. 총 $3f+1$개의 노드가 있으므로, 비둘기집 원리pigeonhole principle에 따라 교집합 $S_1 \cap S_2$는 적어도 $f+1$개의 노드를 포함한다. 장애 노드는 최대 f개 있을 수 있으므로 $S_1 \cap S_2$는 적어도 1개의 올바른 노드를 포함한다.

6.3 PBFT: 동의 프로토콜

먼저 PBFT가 어떻게 단일 뷰 내에 발생한 요청들에 대해 유일한 순서로 동의를 이루는지 설명한다.

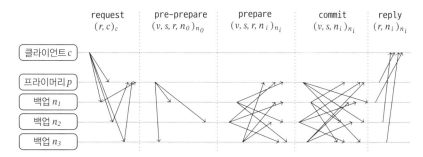

그림 6.10 클라이언트 요청을 처리하는 PBFT 동의 프로토콜. 노드가 4개 있는 시스템을 예로 들었다. 노드 n_0은 현재 뷰 v에서 프라이머리다. 왼쪽에서 오른쪽으로 시간순이다. 동시에 보낸 메시지들이 동시에 도착할 필요는 없다.

부연 설명

• 그림 6.10은 노드들이 클라이언트 요청의 순차 번호에 대해 어떻게 동의를 이루는지 보여준다. 간단히 말하자면 프로토콜은 다음 세 단계로 이루어진다.

1. 프라이머리는 모든 백업들에 **사전-준비**(pre-prepare) 메시지를 보내서 메시지에 명시된 순차 번호의 요청을 실행하길 원함을 알린다.

2. 백업들은 **준비**(prepare) 메시지를 모든 노드에 보내서 해당 제안에 동의함을 알린다.

3. 모든 노드는 **커밋**(commit) 메시지를 모든 노드에 보내서, 해당 순차 번호의 요청을 실행하기로 약속했음을 알린다. 모든 노드는 해당 요청을 실행하고 클라이언트에 알린다.

• 그림 6.10은 모든 노드가 각기 다른 시각에 각 단계를 시작할 수 있음을 보여준다.

• 비잔틴 노드가 요청 실행을 강제할 수 없도록 하기 위해, 모든 노드는 요청 실행 전에 올바른 내용을 가진 일정 수의 준비 및 커밋 메시지를 기다린다.

• 정의 6.11, 정의 6.14, 정의 6.16은 이 동의 프로토콜을 형식적으로 설명한다. 백업들은 1단계와 2단계를 동시적으로 실행한다.

정의 6.11 (**PBFT 동의 프로토콜 1 단계: 사전-준비된 프라이머리**[pre-prepared primary])   동의 프로토콜의 1 단계에서 노드들은 알고리즘 6.12를 실행한다.

알고리즘 6.12   PBFT 동의 프로토콜: 1단계

뷰 v 상에서 프라이머리 p 의 코드

1: 클라이언트 c 로부터 발생한 요청 request$(r, c)_c$ 를 승인한다.

2: 다음 순차 번호 s 를 선택한다.

3: 모든 백업에 사전-준비 pre-prepare$(v, s, r, p)_p$ 를 보낸다.

백업 b 의 코드

4: 클라이언트 c 로부터 request$(r, c)_c$ 를 승인한다.

5: 프라이머리 p 에 request$(r, c)_c$ 를 중계한다.

정의 6.13 (**장애 타이머**^{faulty-timer}) 백업 b가 알고리즘 6.12 4행에서 요청 r를 승인할 때, b는 로컬 **장애 타이머**를 시작하고 b가 r를 실행할 경우에만 이를 정지한다.

부연 설명

- 장애 타이머의 기한이 만료되면, 백업은 프라이머리가 장애라고 여기고 뷰 전환을 시작한다. 뷰 전환 프로토콜은 6.4절에서 설명한다.

- 장애 타이머의 최적화는 여러 트레이드오프와 연계되기 때문에 타이머의 기간을 얼마로 설정할지에 대한 상세 사항은 생략한다. 관심 있는 독자들은 [CL⁺99]를 참고하라.

정의 6.14 (**PBFT 동의 프로토콜 2단계: 사전-준비된 백업**^{pre-prepared backups}) 동의 프로토콜의 2단계에서, 모든 백업 b는 알고리즘 6.15를 실행한다. b가 prepare 메시지를 보냈다는 것은 (v, s)에 대한 r의 **사전-준비**를 했다는 뜻이다.

알고리즘 6.15   PBFT 동의 프로토콜 : 2단계

      뷰 v상에서 백업 b의 코드

1: pre-prepare$(v, s, r, p)_p$를 승인한다.
2: **if** p가 뷰 v의 프라이머리이고, b가 (v, s)의 pre-prepare 메시지를 아직 승인하지 않았으며, $r' \neq r$이라면 **then**
3:      prepare$(v, s, r, b)_b$를 모든 노드에 보낸다.
4: **end if**

정의 6.16 (**PBFT 동의 프로토콜 3단계: 준비된 증서**^{prepared-certificate}) 요청을 사전-준비한 노드 n_i는 알고리즘 6.17을 실행한다. 해당 노드는 1행에서 $2f$개(백업일 경우 n_i 자신의 메시지를 포함)의 prepare 메시지를 승인될 때까지 기다린다. (v, s, r)에 대한 pre-prepare 메시지와 함께, 이들은 **준비된 증서**를 구성한다.

알고리즘 6.17 PBFT 동의 프로토콜: 3단계

(v, s)에 대한 r를 사전-준비한 노드 n_i의 코드

1: (v, s, r)와 일치하는 prepare 메시지가 $2f$개(해당 노드가 백업이라면 n_i 자신의 메시지를 포함) 승인될 때까지 기다린다.

2: 커밋 $\mathtt{commit}(v,s,n_i)_{n_i}$를 모든 노드에 보낸다.

3: (v, s)와 일치하는 commit 메시지가 $2f + 1$개(n_i 자신의 메시지를 포함) 승인될 때까지 기다린다.

4: r보다 작은 순차 번호를 가진 모든 요청이 실행된 다음에 r를 실행한다.

5: 응답 $\mathtt{reply}(r,n_i)_{n_i}$를 클라이언트에 보낸다.

부연 설명

• 동의 프로토콜이 다수의 요청을 병렬로 처리할 수 있다는 점에 유의하자. 현재 우리가 살펴보는 것은 가변적 지연 시간 모델이고 메시지가 순서가 뒤바뀌어 도착할 수 있으므로, 알고리즘 6.17의 4행에서 이전의 순차 번호와 연계된 요청들이 전부 실행될 때까지 기다려야 한다.

• 클라이언트는 알고리즘 6.17의 5행에서 노드들로부터 $f + 1$개의 reply 메시지를 받았을 때만 자신의 요청이 처리되었다고 가정한다. 올바른 노드는 요청을 실행했을 때만 reply 메시지를 보내기 때문에, 클라이언트는 $f + 1$개의 reply 메시지로 올바른 노드가 해당 요청을 실행했음을 확신할 수 있다.

• 6.4절에서 살펴보겠지만, PBFT는 하나의 올바른 노드가 요청을 실행했다면, 모든 올바른 노드는 결코 해당 순차 번호로 다른 요청을 실행하지 않는다는 것을 보장한다. 따라서 클라이언트는 하나의 올바른 노드가 요청을 실행했다는 사실만 알면 충분하다.

• 클라이언트는 필요한 단시간 내에 최소 $f + 1$개의 응답 메시지를 받지 못할 경우, 알고리즘 6.12를 다시 초기화하기 위해 해당 요청을 재전송하여 재시작할 수 있다. 이미 요청을 실행한 올바른 노드들이 동일한 요청을 재실행하지 않게

하기 위해, 클라이언트는 로컬 타임스탬프 같은 고유한 식별자로 요청들에 표시를 남기기도 한다. 그러면 올바른 노드들은 PBFT에 따라 클라이언트가 재전송한 각 요청에 대응할 수 있으며, 수신한 요청을 재실행할 필요가 있는지 아니면 이전에 이미 실행했는지 여부를 판단할 수 있다.

보조정리 6.18 (**PBFT: 뷰 내 고유한 순차 번호**) 노드가 (v, s, r)의 준비된 증서를 모았다면, 다른 노드는 $r' \neq r$인 (v, s, r')에 대한 준비된 증서를 모을 수 없다.

증명 두 개의 (반드시 다를 필요는 없는) 노드가 (v, s, r)과 (v, s, r')에 대한 준비된 증서를 모은다고 가정하자. 준비된 증서가 $2f + 1$개의 메시지를 포함하기 때문에, 보조정리 6.9에 따라 올바른 노드는 (v, s, r) 과 (v, s, r') 각각에 대한 pre-prepare 또는 prepare 메시지를 보냈다. 알고리즘 6.12의 2행과 3행에 따르면, 올바른 프라이머리는 (v, s)에 대해 하나의 pre-prepare 메시지만 보낸다. 알고리즘 6.15의 2행과 3행에 따르면, 올바른 백업 역시 각 (v, s)에 대해 하나의 prepare 메시지만 보낸다. 따라서 $r' = r$이다.

부연 설명

- 보조정리 6.18에 따라, 한 노드가 (v, s, r)에 대한 준비된 증서를 가지고 있다면, 어떤 올바른 노드도 뷰 v 동안 순차 번호 s로 $r' \neq r$를 실행하지 않을 것이다. 올바른 노드들은 요청을 실행하기 전에 준비된 증서를 기다리기 때문이다 (알고리즘 6.17 참고).

- 하지만 이것만으로는 올바른 노드가 언젠가 차후 뷰 $v' > v$에서 순차 번호 s로 $r' \neq r$를 실행하지 않는다고 보장하기 부족하다. 이런 일이 일어나지 않음을 어떻게 보장할 수 있을까?

6.4 PBFT: 뷰 전환 프로토콜

프라이머리에 장애가 있다면, 다음 프라이머리로 넘어가도록 뷰 전환을 실행해야만 시스템이 계속해서 진행할 수가 있다. 노드는 프라이머리가 잘못되었는지 판단하기 위해 장애 타이머를(오직 장애 타이머만을!) 사용한다(정의 6.13 참고).

부연 설명

- 뷰 전환 시, 이 프로토콜은 일부 올바른 노드가 이미 실행한 요청들이 모든 올바른 노드에서 동일한 순차 번호로 실행되도록 보장해야 한다.

- 이렇게 되도록 어떻게 보장할 수 있을까?

정의 6.19 (**PBFT: 뷰 전환 프로토콜**view change protocol) 뷰 전환 프로토콜에서, 장애 타이머가 만료된 노드는 알고리즘 6.22를 실행하여 **뷰 전환** 단계에 들어간다. (모든 노드가 계속해서 기다리는) **새로운** 뷰 단계에서 다음 뷰의 프라이머리는 알고리즘 6.23을 실행하고, 다른 모든 노드는 알고리즘 6.24를 실행한다.

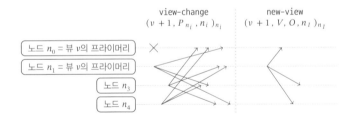

그림 6.20 PBFT 뷰 전환 프로토콜. 노드 n_0은 현재 뷰 v의 프라이머리이며, n_1은 뷰 $v + 1$의 프라이머리이다. 백업들이 n_0가 장애가 있다고 여기면, 뷰 전환 프로토콜을 시작한다(알고리즘 6.22, 6.23, 6.24 참고). 그림에서 ×는 n_0에 장애가 발생했음을 의미한다.

부연 설명

- 뷰 전환 프로토콜의 기본 개념은 다음과 같다. 뷰 전환 프로토콜 동안, 새로운 프라이머리는 $2f + 1$개의 노드로부터 준비된 증서를 모으기 때문에 일부 올바른 노드가 실행한 모든 요청에 대해서 적어도 하나의 준비된 인증서를 갖게 된다.

- 해당 정보를 모은 후에, 프라이머리는 이를 배포하고 모든 백업에 어떤 요청이 어떤 순차 번호로 실행되어야 하는지 알려준다.

- 백업들은 새 프라이머리가 프로토콜에 따르는 결정을 내렸는지 확인해볼 수 있다. 만약 따르지 않았다면 새 프라이머리는 비잔틴임이 틀림없기에 백업은 바로 다음 뷰 전환으로 넘어갈 수 있다.

정의 6.21 (**새로운 뷰 증서**$^{\text{new-view-certificate}}$) 동일한 뷰 v에서 $2f + 1$개의 뷰 전환 view-change 메시지는 **새로운 뷰 증서**를 형성한다.

알고리즘 6.22 PBFT 뷰 전환 프로토콜: 뷰 전환 단계

뷰 v에서 장애 타이머가 만료되었을 때 백업 b의 코드

1: v에 대한 pre-prepare/prepare/commit 메시지의 승인을 중단한다.
2: $\mathcal{P}_b$를 b가 시스템이 시작한 이래 모은 모든 준비된 증서의 집합이라고 하자.
3: 새로운 뷰 new-view$(v + 1, \mathcal{P}_b, b)_b$를 모든 노드에 보낸다.

알고리즘 6.23 PBFT 뷰 전환 프로토콜: 새로운 뷰 단계(프라이머리)

뷰 $v + 1$에서 프라이머리 p의 코드

1: 집합 $\mathcal{V}$ 내의 $2f + 1$개의 view-change 메시지(p 자신의 것을 포함할 수 있다)를 승인한다. 이것이 **새로운 뷰 증서**이다.
2: 모든 (s, r)의 pre-prepare$(v + 1, s, r, p)_p$의 집합을 $\mathcal{O}$라고 하자. 여기서 $(s,$

r)의 준비된 증서가 적어도 하나는 $\mathcal{V}$ 내에 존재한다.

3: $\mathcal{O}$가 포함하는 pre-prepare 메시지 가운데 가장 높은 순차 번호를 s_{max}^{v}라고 하자.

4: 해당하는 pre-prepare 메시지가 $\mathcal{O}$에 포함되어 있지 않은 모든 순차 번호 $s' < s_{max}^{v}$에 대한 pre-prepare$(v + 1, s', \text{null}, p)_p$ 메시지를 $\mathcal{O}$에 추가한다.

5: new-view$(v + 1, \mathcal{V}, \mathcal{O}, p)_p$를 모든 노드에 보낸다.

6: <u>알고리즘 6.12</u>에 따라 뷰 $v + 1$에서 순차 번호 $s_{max}^{v} + 1$부터 요청을 처리하기 시작한다.

부연 설명

- $\mathcal{V}$가 순차 번호 s의 준비된 증서를 포함하지만 $s' < s$의 인증서는 포함하지 않을 가능성도 있다. 그러한 순차 번호 s'에 대해서는 <u>알고리즘 6.23</u> 4행에서 null 요청으로 $\mathcal{O}$를 채웠다. 이는 백업들에게 "이것에 대해서는 아무것도 할 게 없다"를 알려주는 요청이다.

알고리즘 6.24   PBFT 뷰 전환 프로토콜: 새로운 뷰 단계(백업)

b의 로컬 뷰가 $v' < v + 1$일 때, 뷰 $v + 1$에서 백업 b의 코드

1: new-view$(v + 1, \mathcal{V}, \mathcal{O}, p)_p$를 승인한다.

2: v에 대한 pre-prepare/prepare/commit 메시지의 승인을 중단한다.

    // b가 $v + 1$에 대해 <u>알고리즘 6.22</u>을 아직 실행하지 않았을 경우

3: 로컬 뷰를 $v + 1$로 설정한다.

4: **if** p가 $v + 1$에서 프라이머리라면 **then**

5:     **if** $\mathcal{O}$가 <u>알고리즘 6.23</u>의 2행과 4행에 따라 $\mathcal{V}$로부터 올바르게 구성되었다면 **then**

6:         <u>알고리즘 6.15</u>에서 시작하는 동의 프로토콜을 따라 $\mathcal{O}$ 내의 모든 pre-prepare 메시지에 응답한다.

7:         뷰 $v + 1$에 대한 메시지를 승인하기 시작한다.

8:     **else**

9:          알고리즘 6.22에 따라 $v + 2$로 뷰 전환을 시작한다.
10:       **end if**
11: **end if**

정리 6.25 (**PBFT: 전체 뷰에서의 유일한 순차 번호**)   PBFT 동의 프로토콜과 PBFT 뷰 전환 프로토콜은 다음을 보장한다. 올바른 노드가 뷰 v에서 순차 번호 s로 요청 r를 실행했다면, 어떤 올바른 노드도 어떤 뷰 $v' \geq v$에서든 순차 번호 s로 요청 $r' \neq r$를 실행하지 않는다.

증명   어떠한 뷰 전환이 일어나지 않는다면, 보조정리 6.18로 증명은 충분하다. 그러므로 $v' > v$로의 뷰 전환이 일어난다고 가정하자.

한 올바른 노드가 뷰 v에서 순차 번호 s로 요청 r를 실행했다면, 올바른 프라이머리는 new-view$(v', \mathcal{V}, \mathcal{O}, p)$ 메시지의 $\mathcal{O}$의 요소에서 (v', s, r)과 연계된 pre-prepare 메시지를 보낼 것이다. 이것은 어떠한 올바른 노드도 s와 $r' \neq r$에 대한 준비된 증서를 모을 수 없을 것을 보장한다.

새로운 뷰 증서 $\mathcal{V}$(알고리즘 6.23의 1행)를 고려해보자. 올바른 노드가 순차 번호 s로 요청 r를 실행했다면, 알고리즘 6.17의 3행에 따라 (s, r)과 연계된 commit 메시지를 보낸 노드를 최소 $2f + 1$개 가지는 집합 R_1이 존재한다. 그래서 R_1의 모든 올바른 노드는 모두 알고리즘 6.17의 1행에서 준비된 증서를 모았을 것이다.

새로운 뷰 증서는 $2f + 1$개의 노드로 이뤄진 집합 R_2의 view-change 메시지를 포함한다. 보조정리 6.9에 따라서 R_1과 R_2는 (s, r)과 연계된 준비된 증서를 모았고 해당 집합들의 view-change 메시지가 $\mathcal{V}$에 포함되므로 적어도 하나의 올바른 노드 $c_r \in R_1 \cap R_2$가 존재한다.

그러므로 올바른 노드가 순차 번호 s로 요청 r를 수행했다면 $\mathcal{V}$는 c_r에서의 (s, r)과 연계된 준비된 증서를 포함한다. 따라서 올바른 노드가 순차 번호 s로 r를 실행했다면, 알고리즘 6.23의 2행에 따라 올바른 프라이머리 p는 view-change$(v',$

$\mathcal{V}, \mathcal{O}, p$) 메시지를 보낸다. 이때 $\mathcal{O}$는 pre-prepare(v', s, r, p) 메시지를 포함하고 있다.

v'에 대한 new-view 메시지가 유효한 새로운 뷰 증서 $\mathcal{V}$를 포함하고, 알고리즘 6.24의 5행대로 $\mathcal{O}$가 $\mathcal{V}$로부터 제대로 구성된 경우에만, 올바른 백업은 뷰 v'로 진입한다. 백업은 알고리즘 6.24의 6행과 7행 순서에 따라 v'에 대한 다른 pre-prepare 메시지를 허용하기 전에 $\mathcal{O}$ 내의 메시지에 응답할 것이다. 그러므로 올바른 백업은 알고리즘 6.15의 2행과 3행에 따라 $\mathcal{O}$ 내의 순차 번호들에 대해 $\mathcal{O}$ 내의 pre-prepare 메시지에 대응하는 prepare 메시지만 보낼 것이다. 이는 v'에서 $\mathcal{O}$ 내의 모든 순차 번호 s에 대해 백업들이 $\mathcal{O}$ 내에서 발생한 (v', s, r)에 대해서만 준비된 증서를 모을 것임을 보장한다.

이상을 종합하면 다음에 대한 증명이 된다. 올바른 노드가 v에서 순차 번호 s로 r를 실행했다면, 다른 어떤 노드도 뷰 $v' > v$에서 순차 번호 s로 $r' \neq r$에 대한 준비된 증서를 모을 수 없다. 따라서 어떠한 올바른 노드도 순차 번호 s로 r'을 실행하지 않는다.

부연 설명

- 장애가 있는 새로운 프라이머리는 new-view 메시지를 보내지 않음으로써 시스템을 무한정 지연시킬 수 있다. 이를 방지하기 위해, 한 노드가 $v + 1$에 대한 view-change 메시지를 보내는 즉시, 해당 노드는 장애 타이머를 시작하고 $v + 1$에 대한 new-view 메시지를 승인하면 이 타이머를 정지한다. 이 타이머가 정지되기 전에 만료되면, 또 다른 뷰 전환을 다시 시작한다.

- 최대 f개의 연속된 프라이머리가 장애일 수 있기 때문에, 시스템은 진행 중에 최대 $f + 1$번의 뷰 전환을 겪을 수 있다.

- 이상 살펴본 것은 PBFT의 간략화된 버전이다. 실무에서는 여기에 필요한 수정을 가해서 사용한다. 챕터 노트의 자료들에서, 이 책에 포함하지 않은 세부 사항들에 대해 알 수 있다.

챕터 노트

PBFT는 비동기 비잔틴 상태 복제에서 아마 가장 중심이 되는 프로토콜이다. 이를 다룬 중대한 최초의 논문은 이번 장에서 간략화된 버전으로 살펴보기도 한 [CL$^+$99]다. 여러 PBFT 버전들에 대한 표준이 되는 연구는 미겔 카스트로^{Miguel} ^{Castro}의 박사 논문 [Cas01]이다.

<u>알고리즘 6.22</u>에서 집합 P_b는 시스템이 동작하는 동안 매 뷰 전환마다 크기가 커진다. 이는 집합이 노드가 수집했던 모든 준비된 증서를 보관하기 때문이다. 해당 연구에서는 프로토콜의 모든 변형에 대해 정기적인 **체크포인트**^{checkpoint}를 도입한다. 체크포인트란, 노드들이 준비된 증서들을 지속적으로 가비지 컬렉트$^{garbage-}$ ^{collect}할 수 있도록 충분한 수의 노드가 특정 순차 번호까지의 모든 요청을 실행했다는 데에 노드들이 동의하는 시점을 일컫는다. 이 책에서 더 자세히 살펴보지는 않겠다.

모든 메시지는 서명된다는 점을 명심하자. 서명을 생성하는 데에는 비용이 들며, PBFT의 변형 중에서는 저비용이고 덜 강력한 MAC을 이용하는 것도 있다. 이들은 알고리즘이 더 복잡한데, 이는 MAC은 메시지의 두 엔드포인트 간의 인증만을 제공할 뿐 서드 파티에게 누가 메시지를 생성했는지 증명해줄 수가 없기 때문이다. MAC을 사용하는 방법들은 [CL02]에서 광범위하게 다룬다.

PBFT가 발표되기 전에는, 일반적으로 비잔틴 장애 허용은 실용적이지 못하고 학자들이나 관심을 갖는 무엇인가로 간주되었다. PBFT는 비잔틴 장애 허용이 실무에서도 실현 가능하다는 것을 보여줌으로써 그러한 인식을 바꿨다. 그 결과 다수의 비동기 비잔틴 상태 복제 프로토콜의 개발이 이어졌다. 다른 중요한 프로토콜로는 Q/U[AEMGG$^+$05], HQ[CML$^+$06], Zyzzyva[KAD$^+$07] 등이 있다. 관련 연구들에 대한 개괄 또한 [AGK$^+$15]에서 찾을 수 있다.

참고 문헌

[AEMGG⁺05] Michael Abd-El-Malek, Gregory R Ganger, Garth R Goodson, Michael K Reiter, and Jay J Wylie. Fault-scalable byzantine fault-tolerant services. In *ACM SIGOPS Operating Systems Review*, volume 39, pages 59–74. ACM, 2005.

[AGK⁺15] Pierre-Louis Aublin, Rachid Guerraoui, Nikola Knežević, Vivien Quéma, and Marko Vukolić. The next 700 bft protocols. ACM Transactions on Computer Systems (TOCS), 32(4):12, 2015.

[Cas01] Miguel Castro. *Practical Byzantine Fault Tolerance*. Ph.d., MIT, January 2001. Also as Technical Report MIT-LCS-TR-817.

[CL⁺99] Miguel Castro, Barbara Liskov, et al. Practical byzantine fault tolerance. In *OSDI*, volume 99, pages 173–186, 1999.

[CL02] Miguel Castro and Barbara Liskov. Practical byzantine fault tolerance and proactive recovery. *ACM Transactions on Computer Systems (TOCS)*, 20(4):398–461, 2002.

[CML⁺06] James Cowling, Daniel Myers, Barbara Liskov, Rodrigo Rodrigues, and Liuba Shrira. Hq replication: A hybrid quorum protocol for byzantine fault tolerance. In *Proceedings of the 7th symposium on Operating systems design and implementation*, pages 177–190. USENIX Association, 2006.

[FLP85] Michael J. Fischer, Nancy A. Lynch, and Mike Paterson. Impossibility of Distributed Consensus with One Faulty

Process. *J. ACM*, 32(2):374–382, 1985.

[KAD⁺07]   Ramakrishna Kotla, Lorenzo Alvisi, Mike Dahlin, Allen
Clement, and Edmund Wong. Zyzzyva: speculative
byzantine fault tolerance. In *ACM SIGOPS Operating
Systems Review*, volume 41, pages 45–58. ACM, 2007.

제 **7** 장

쿼럼 시스템

단일 서버가 모든 서비스 이용자를 감당할 능력이 부족해지면 어떻게 할까? 자명한 선택은 서버를 증설하고 일관성을 보장하기 위해 과반수^{majority} 접근법(앞에서 살펴본 팩소스가 한 예다)을 사용하는 것이다. 하지만 백만 개의 서버를 구매한다고 해도, 한 클라이언트는 요청마다 서버 절반 이상에 접근해야만 한다. 장애 허용을 확보하는 대신 효율은 최대 두 배밖에 될 수가 없는 것이다. 일관성을 포기해야 하는 걸까?

한걸음 물러나 생각해보자. 이 방법을 사용한 건 과반수의 집합이 항상 중첩^{overlap}되기 때문이었다. 하지만 과반수 집합만이 중첩을 보장하는 유일한 집합일까? 이번 장에서는 중첩 집합의 기반이 되는 이론인 쿼럼 시스템에 대해 살펴보자.

정의 7.1 (**쿼럼**^{quorum}, **쿼럼 시스템**$^{quorum\ system}$) $V = \{v_1, \cdots, v_n\}$을 노드들의 집합이라고 하자. **쿼럼** $Q \subseteq V$는 이 노드들의 한 부분집합이다. **쿼럼 시스템** $S \subset 2V$은 쿼럼들의 집합으로, 모든 원소(쿼럼)의 쌍이 서로 교차하는 집합이다. 수식으로 쓰면 모든 $Q_1, Q_2 \in S$에 대해 $Q_1 \cap Q_2 \neq \emptyset$이다.

부연 설명

- 쿼럼 시스템을 이용하려면, 클라이언트는 쿼럼을 선택하고, 쿼럼의 모든 노드 상의 락(또는 티켓)을 확보하고, 이용이 끝난 후에는 모든 락을 다시 해제해야 한다. 어떤 쿼럼이 선택되든 상관없이 해당 쿼럼의 노드들은 모든 다른 쿼럼의 노드들과 교차할 것이다.

- 두 개의 쿼럼이 동시에 자신의 노드를 잠그려 한다면 어떤 일이 일어날 수 있을까?

- 모든 $Q_1, Q_2 \in S$에 대해 $Q_1 \not\subset Q_2$인 쿼럼 시스템 S를 **최소**^{minimal}라고 한다.

- 생각할 수 있는 가장 간단한 쿼럼 시스템은 하나의 쿼럼으로 구성되며 이는 곧 하나의 서버로 이뤄진 것을 뜻한다. 이를 **싱글턴**^{singleton}이라고 한다.

- **과반수**^{majority} 기반의 쿼럼 시스템에서 모든 쿼럼은 $\lfloor n/2 \rfloor + 1$ 노드를 가진다.

- 다른 간단한 쿼럼 시스템을 생각할 수 있을까?

7.1 부하와 작업

정의 7.2 (**접근 전략**access strategy)   **접근 전략** Z는 쿼럼 $Q \in \mathcal{S}$에 접근할 확률 $P_Z(Q)$를 정의하며, 이때 $\sum_{Q \in \mathcal{S}} P_Z(Q) = 1$이다.

정의 7.3 (**부하**load)

- 노드 v_i에서 접근 전략 Z의 **부하**는 $L_Z(v_i) = \sum_{Q \in \mathcal{S}; v_i \in Q} P_Z(Q)$이다.
- 쿼럼 시스템 $\mathcal{S}$에서 접근 전략 Z로 초래되는 **부하**는 $\mathcal{S}$ 내 어떤 노드에서든 Z로 초래되는 최대 부하이다. 즉 $L_Z(\mathcal{S}) = \max_{v_i \in \mathcal{S}} L_Z(v_i)$이다.
- 쿼럼 시스템 $\mathcal{S}$의 **부하**는 $L(\mathcal{S}) = \min_Z L_Z(\mathcal{S})$이다.

정의 7.4 (**작업**work)

- 쿼럼 $Q \in \mathcal{S}$의 **작업**은 Q에 속한 노드의 수 $W(Q) = |Q|$이다.
- 쿼럼 시스템 $\mathcal{S}$에서 접근 전략 Z로 초래되는 **작업**은 접근한 노드들의 기댓값이다. 즉 $W_Z(\mathcal{S}) = \sum_{Q \in \mathcal{S}} P_Z(Q) \cdot W(Q)$이다.
- 쿼럼 시스템 $\mathcal{S}$의 **작업**은 $W(\mathcal{S}) = \min_Z W_Z(\mathcal{S})$이다.

부연 설명

- 작업과 부하에 대해서 서로 다른 접근 전략 Z를 선택할 수 없으며 동일한 Z를 선택해야 한다는 것을 명심하라.

- 간단한 예제와 함께 위 컨셉을 설명해보자. $V = \{v_1, v_2, v_3, v_4, v_5\}$ 와 $\mathcal{S} = \{Q_1, Q_2, Q_3, Q_4\}$이고 이때 $Q_1 = \{v_1, v_2\}$, $Q_2 = \{v_1, v_3, v_4\}$, $Q_3 = \{v_2, v_3, v_5\}$, $Q_4 = \{v_2, v_4, v_5\}$라고 하자. $P_Z(Q_1) = 1/2$이고 $P_Z(Q_2) = P_Z(Q_3) = P_Z(Q_4) = 1/6$이 되는 접근 전략 Z를 선택한다면, 가장 큰 부하를 갖는 노드는 $L_Z(v_2) = 1/2 + 1/6 + 1/6 = 5/6$인 v_2이다. 작업은 $W_Z(\mathcal{S}) = 1/2 \cdot 2 + 1/6 \cdot 3 + 1/6 \cdot 3 + 1/6 \cdot 3 = 15/6$이다.

- $\mathcal{S}$에 대해 더 나은 접근 전략을 찾을 수 있는가?

- 쿼럼 시스템 $\mathcal{S}$의 모든 쿼럼 Q가 동일한 수의 노드를 갖는다면, $\mathcal{S}$를 **균일하다**uniform고 부른다.

- 한 쿼럼 시스템이 가질 수 있는 최소의 부하는 얼마일까?

프라이머리 사본primary copy 대 과반수	싱글턴	과반수
몇 개 노드에 접근할 수 있어야 하는가? (작업)	1	$> n/2$
가장 바쁜 노드의 부하는 얼마인가? (부하)	1	$> 1/2$

표 7.5 싱글턴과 과반수 쿼럼 시스템의 비교. 모든 단일 노드의 장애 확률이 $> 1/2$이라면, 싱글턴 쿼럼 시스템이 좋은 선택일 수 있다.

정리 7.6 쿼럼 시스템 $\mathcal{S}$에서 $L(\mathcal{S}) \geq 1/\sqrt{n}$이 성립한다.

증명 $Q = \{v_1, \cdots, v_q\}$가 $\mathcal{S}$에 속한 최소 크기의 쿼럼이고 이때 $|Q| = q$라고 하자. $\mathcal{S}$의 접근 전략을 Z라고 하자. $\mathcal{S}$의 다른 모든 쿼럼은 이 쿼럼 Q와 최소 한 개의 원소가 교차한다. 한 쿼럼에 접근할 때마다 Q 내의 적어도 하나의 노드 또한 접근되며, $v_i \in Q$에 대해 부하의 하한은 $L_Z(v_i) \geq 1/q$가 된다.)

또한 Q가 최소이므로 적어도 q개의 노드들에 접근되어야 하고, 즉 $W(\mathcal{S}) \geq q$가 된다. 따라서 매번 q개의 노드가 접근되므로 가장 많이 접근된 노드의 부하는 적어도 q/n이다. 즉, $v_i \in Q$에 대해 $L_Z(v_i) \geq q/n$이다.

이 둘을 합치면 $L_z(S) \geq \max(1/q, q/n) \Rightarrow L_z(S) \geq 1/\sqrt{n}$ 이 도출된다. 따라서 **어떠한** 접근 전략 Z에서도 $L(S) \geq 1/\sqrt{n}$ 이 된다.

부연 설명

- 어떻게 이러한 최소의 부하를 얻을 수 있을까?

7.2 그리드 쿼럼 시스템

정의 7.7 (**기본 그리드 쿼럼 시스템**basic grid quorum system) $\quad \sqrt{n} \in \mathbb{N}$ 이고 한 변의 길이가 $\sqrt{n}$ 인 정방행렬square matrix에, 즉 격자에 n개의 노드를 배치한다고 하자. 기본 **그리드 쿼럼 시스템**은 $\sqrt{n}$ 개의 쿼럼으로 구성되며 각 쿼럼은 $1 \leq i \leq \sqrt{n}$ 인 완전한 행 i와 완전한 열 i을 가진다.

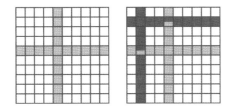

그림 7.8 각 쿼럼 Q_i가 행 i과 열 i ($1 \leq i \leq \sqrt{n}$)을 사용하는 그리드 쿼럼 시스템의 기본 버전. 각 쿼럼의 크기는 $2\sqrt{n} - 1$이며, 두 개의 쿼럼은 정확히 두 개의 노드가 중복된다. 그러므로 접근 전략 Z가 균일하다면(즉 각 쿼럼의 확률이 $1/\sqrt{n}$), 작업은 $2\sqrt{n} - 1$이고, 각 노드의 부하는 $\Theta(1/\sqrt{n})$이다.

부연 설명

- 그림 7.8의 오른쪽 그림을 보자. 두 개의 쿼럼이 두 개의 노드에서 교차한다. 만약 두 개의 쿼럼에 동시에 접근하게 되면, 교착 상태에 빠질 수 있기에 적어도 하나의 쿼럼이 자신의 모든 노드에 락을 거는 것은 보장받지 못한다.

- 단지 두 쿼럼만 고려할 경우, 그림 7.9처럼 두 쿼럼이 단 하나의 노드에서만 교차하도록 하면 이 문제를 해결할 수 있다. 하지만 동일한 상황이 세 개의 쿼럼에서만 발생해도, 진행을 보장할 수 없다.

- 하지만 '한 번에 모든 노드 접근' 전략에서 벗어나, 노드들이 완전히 정렬되어 있다면 진행을 보장할 수 있다.

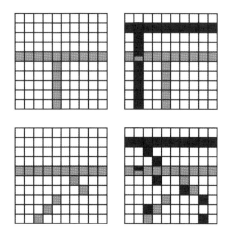

그림 7.9 그리드에서 쌍별로 다른 쿼럼들이 한 개의 노드에서만 교차하도록 쿼럼을 선택하는 다른 방법들도 있다. 각 쿼럼의 크기는 $\sqrt{n}$과 $2\sqrt{n} - 1$ 사이다. 즉 작업은 $\Theta(\sqrt{n})$ 내이다. 접근 전략 Z가 균일하다면, 모든 노드의 부하는 $\Theta(1/\sqrt{n})$ 내이다.

알고리즘 7.10 쿼럼 Q에 대한 순차적 라킹^{locking} 전략

1: 노드들에 대해 하나씩 잠금을 시도한다. 노드들은 식별자^{dentifier}에 따라 이미 정렬되어 있다.

2: 하나의 노드에 이미 락이 걸려 있다면, 모든 락을 해제하고 재시작한다.

정리 7.11 각 쿼럼을 <u>알고리즘 7.10</u>에 따라 접근하면, 적어도 하나의 쿼럼은 해당 쿼럼의 모든 노드에 대한 락을 확보할 수 있다.

증명 모순을 보여 이 정리를 증명한다. 어떤 쿼럼도 진행되지 않는다고 가정하면, 모든 쿼럼에서 각 쿼럼의 노드들 중 적어도 하나는 다른 쿼럼에 의해 락이 확보된 것이다. 특정 쿼럼 Q가 락을 확보한, 가장 큰 값의 식별자를 가진 노드를 v라고 하자. Q는 이미 v보다 작은 값의 식별자를 가진 노드들의 락을 확보했음을 알 수 있다. 그렇지 않다면 Q는 재시작했을 것이다. v보다 큰 값의 식별자를 가진 모든 노드의 락은 확보되지 않았으므로, Q는 자신의 모든 노드의 락을 확보했거나 아니면 진행을 보일 텐데 이는 모순이다. 노드의 집합은 유한하기 때문에, 하나의 쿼럼은 결국 그 쿼럼의 모든 노드의 락을 확보할 것이다.

부연 설명

- 하지만 지금 우리는 분산 시스템에서 순차적인 접근법으로 되돌아간 셈이다. 동일한 개념을 동시적으로 해보자. 즉, 노드들의 정렬을 통해 충돌을 해결하자. 그러면 현재까지 가장 큰 값의 식별자의 락을 확보한 쿼럼이 항상 진행을 보일 수 있다!

알고리즘 7.12 쿼럼 Q의 동시적 라킹 전략

불변invariant: $v_Q \in Q$는 Q가 락을 확보한 노드의 가장 큰 값의 식별자이고, $v_i < v_Q$인 모든 노드 $v_i \in Q$ 또한 Q가 락을 확보했다고 가정하자. Q가 어떤 락도 가지고 있지 않게 된다면, v_Q는 0으로 설정된다.

1: **repeat**
2:    쿼럼 Q의 모든 노드의 락을 확보하기를 시도한다.
3:    **for** Q가 락을 확보할 수 없었던 각 노드 $v \in Q$에 대해 **do**
4:        v의 락을 확보한 쿼럼 Q'의 v_Q와 $v_{Q'}$를 교환한다.

```
5:            if $v_Q > v_Q'$라면 then
6:                Q'는 $v$에 대한 락을 해제하고 Q는 $v$에 대한 락을 확보한다.
7:            end if
8:        end for
9: until 쿼럼 Q의 모든 노드가 락에 걸릴 때까지
```

정리 7.13 노드와 쿼럼이 알고리즘 7.12에 따른다면, 적어도 하나의 쿼럼은 해당 쿼럼의 모든 노드에 대한 락을 확보하게 된다.

증명 정리 7.11의 증명과 유사하다. 모순을 보이기 위해 어떠한 쿼럼도 진행하지 못한다고 가정해보자. 하지만 적어도 가장 큰 값 v_Q를 가진 쿼럼은 항상 진행할 것이므로 이는 모순이다. 노드의 집합이 유한하므로, 적어도 하나의 쿼럼은 결국 해당 쿼럼의 모든 노드에 대한 락을 확보할 수 있게 된다.

부연 설명

• 한 쿼럼이 모든 노드의 락을 확보하고 나서 고장이 나버리면? 쿼럼 시스템은 이제 죽은 걸까? 이 이슈는 락 대신 예를 들어 리스lease를 사용하면 방지할 수 있다. 리스는 시간제한timeout이 있는 락이기에 종국에는 해제된다.

7.3 장애 허용

정의 7.14 (회복성resilience) 쿼럼 시스템 S에서 f개의 노드가 고장 나더라도, 고장 난 노드가 없는 쿼럼 $Q \in S$가 존재한다면, S는 f-**회복성**을 가진다. 가장 큰 f를 **회복성** $R(S)$이라고 한다.

정리 7.15 n개의 각 쿼럼이 하나의 완전한 행과 완전한 열로 구성되는 그리드 쿼럼 시스템을 S라고 하자. S는 $\sqrt{n} - 1$의 회복성을 가진다.

증명 그리드의 대각선상에 있는 모든 $\sqrt{n}$ 개의 노드가 고장 나면 모든 쿼럼은 적어도 하나의 고장 난 노드를 가지게 될 것이다. $\sqrt{n}$ 개보다 적은 노드가 고장 난다면, 고장 난 노드가 없는 한 행과 열이 존재한다.

부연 설명

- 정리 7.15의 그리드 쿼럼 시스템은 정의 7.7에서 기술한 기본 그리드 쿼럼 시스템과는 다르다. 기본 그리드 쿼럼 시스템에서 각 쿼럼은 행과 열의 인덱스가 동일했으나, 정리 7.15의 그리드 쿼럼 시스템은 그렇지 않다.

정의 7.16 (**장애 확률**failure probability) 모든 노드가 고정된 확률 p (추후 $p > 1/2$ 같은 구체적인 값을 설정할 것이다)로 동작한다고 가정하자. 쿼럼 시스템 S의 **장애 확률** $F_p(S)$는 모든 쿼럼에서 적어도 한 개씩의 노드가 고장 날 확률이다.

부연 설명

- 점근적 장애 확률은 $n \to \infty$일 때의 $F_p(S)$이다.

사실facts **7.17** **체르노프 바운드**Chernoff bound의 한 버전은 다음과 같이 기술한다. x_1, $\cdots$, x_n가 서로 독립인 베르누이 분포 확률변수로서 $Pr[x_i = 1] = p_i$이고 $Pr[x_i = 0] = 1 - p_i = q_i$라면, $X := \sum_{i=1}^{n} x_i$이고 $\mu := \mathrm{E}[X] = \sum_{i=1}^{n} p_i$일 때, 임의의 $0 < \delta < 1$에 대해 다음이 성립한다.

$$Pr[X \leq (1 - \delta)\mu] \leq e^{-\mu\delta^2/2}$$

정리 7.18 과반수 쿼럼 시스템의 점근적 장애 확률은 0이다.

증명 과반수 쿼럼 시스템에서 각 쿼럼은 정확히 $\lfloor n/2 \rfloor + 1$개의 노드를 가지며, 농도cardinality가 $\lfloor n/2 \rfloor + 1$인 각 부분집합이 쿼럼을 형성한다. $\lfloor n/2 \rfloor$개의 노드만 동작한다면 과반수 쿼럼 시스템은 실패한다. 그렇지 않다면 적어도 하나의 유효한 쿼럼이 존재한다. 장애 확률을 계산하기 위해 다음의 확률변수를 정의하자.

- 노드 i가 동작하면 p의 확률로 $x_i = 1$이다.

- 노드 i가 실패하면 $q = 1 - p$의 $x_i = 0$이다.

- $\mu = np$일 때 $X := \sum_{i=1}^{n} x_i$이다. X는 동작하는 노드의 수이다.

$\lfloor n/2 \rfloor + 1$보다 적은 수의 노드가 동작하는 확률을 예측하기 위해 앞에서 언급한 체르노프 부등식$^{\text{Chernoff inequality}}$을 사용한다. $\delta = 1 - 1/2p$로 지정하면 $F_p(\mathcal{S}) = Pr[X \leq \lfloor \frac{n}{2} \rfloor] \leq Pr[X \leq \frac{n}{2}] = Pr[X \leq (1-\delta)\mu]$를 얻게 된다.

$\delta = 1 - 1/2p$이고 $1/2 < p \leq 1$이므로 $0 < \delta < 1/2$이다. 따라서 체르노프 바운드를 활용하면 $F_p(\mathcal{S}) \leq e^{-\mu\delta^2/2} \in e^{-\Omega(n)}$을 얻게 된다.

정리 7.19 그리드 쿼럼 시스템의 점근적 장애 확률은 1이다.

증명 $n = d \cdot d$개의 노드를 $d \times d$ 그리드에 배치하는 경우를 고려해보자. 쿼럼은 항상 하나의 완전한 행을 가진다. 이 추정에서는 모든 $n \in \mathbb{N}$과 $n \in \mathbb{N}$, $x \geq -1$에 대해 $(1 + x)^n \geq 1 + nx$라는 베르누이의 부등식$^{\text{Bernoulli inequality}}$을 활용할 것이다.

각 행에서 적어도 하나의 노드가 고장 나면 시스템은 동작하지 않는다(모든 노드가 p^d의 확률로 동작하므로 이 상황은 각 행에 대해 $1 - p^d$의 확률로 발생한다). 그러므로 장애 확률의 하한은 다음과 같다.

$$F_p(\mathcal{S}) \geq Pr[\text{각 행당 적어도 한 개 노드의 장애}] = (1 - p^d)^d \geq 1 - dp^d \xrightarrow[n \to \infty]{} 1$$

부연 설명

- 이제 최적의 부하를 갖는 쿼럼 시스템(그리드 쿼럼)이 있고, 장애 허용을 갖는 쿼럼 시스템(과반수 쿼럼)이 있다. 둘 다 원할 경우에는 어떻게 할까?

정의 7.20 (**B-그리드 쿼럼 시스템**B-Grid quorum system) $n = dhr$개의 노드를 $h \cdot r$개의 행과 d개의 열을 갖는 사각 그리드를 고려해보자. 한 밴드는 r개 행으로 이뤄진 그룹이며, 한 밴드에 제한된 열의 r개 원소는 미니-열mini-column이라고 한다. 하나의 쿼럼은 각 밴드에서 하나씩 뽑은 미니-열, 그리고 한 밴드의 각 미니-열에서 하나씩 뽑은 원소로 이루어진다. 따라서 각 쿼럼은 $d + hr - 1$개의 원소를 가진다. **B-그리드 쿼럼 시스템**은 이와 같은 쿼럼들로 이뤄진다.

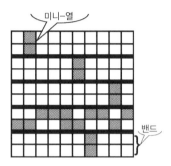

그림 7.21 $n = 100$개의 노드, $d = 10$개의 열, $h \cdot r = 10$개의 행, $h = 5$개의 밴드, $r = 2$인 B-그리드 쿼럼 시스템. 그림의 쿼럼은 $d + hr - 1 = 10 + 5 \cdot 2 - 1 = 19$개의 노드를 갖는다. 접근 전략 Z가 균일하게 선택되면, $d + hr - 1$의 작업과 $(d + hr - 1)/n$의 부하를 갖게 된다. $d = \sqrt{n}$과 $r = \log n$으로 설정하면, $\Theta(\sqrt{n})n$의 작업과 $\Theta(1/\sqrt{n})$의 부하를 얻게 된다.

정리 7.22   B-그리드 쿼럼 시스템의 점근적 장애 확률은 0이다.

증명 $n = dhr$이고 원소들은 d개의 열과 $h \cdot r$개의 행을 갖는 그리드에 배치된다고 가정하자. 각 밴드에서 미니-열 전부가 고장 난다면 B-그리드 쿼럼 시스템이 동작하지 않을 것이다. 각 미니-열 내의 원소가 여전히 동작하는 밴드를 선택하는 것이 불가능하기 때문이다. 각 미니-열의 원소가 실패한다면, 시스템 또한 동작하지 않는다. 이러한 사건들은 서로 독립이지 않을 수 있으나, 결합 경계union bound를 사용하면 다음과 같이 장애 확률의 상한을 알 수 있다.

$$Fp(\mathcal{S}) \leq \text{모든 밴드에서 미니-열 전부가 고장 날 확률}$$

$$+ \text{밴드의 모든 미니-열에서 적어도 하나의 원소가 고장 날 확률}$$

$$\leq (d(1-p)^r)^h) + h(1-p^r)^d$$

$d = \sqrt{n}$, $r = \ln d$, $0 \leq (1-p) \leq 1/3$임을 이용한다. $n^{\ln x} = x^{\ln n}$을 이용하면 $d(1-p)^r \leq d \cdot d^{\ln 1/3} \approx d^{-0.1}$이고 충분히 큰 d에 대해서 첫 번째 항의 상한은 $d^{-0.1h} \ll 1/d^2 = 1/n$이다.

두 번째 항에 대해서도 살펴보면, $p \geq 2/3$이며 $h = d/\ln d < d$이므로 상한은 $d(1-d^{\ln 2/3})^d \approx d(1-d^{-0.4})^d$이다. $(1+t/n)^n \leq e^t$를 이용하면, 충분히 큰 d에 대해서 d의 상한은 $d(1-d^{-0.4})^d = d(1-d^{0.6}/d)^d \leq d \cdot e^{-d^{0.6}} = d^{(-d^{0.6}/\ln d)+1} \ll d^{-2} = 1/n$임을 구할 수 있다. 이상을 종합하면 $F_p(\mathcal{S}) \in O(1/n)$이다.

	싱글턴	과반수	그리드	B-그리드
작업	1	> n/2	$\Theta(\sqrt{n})$	$\Theta(\sqrt{n})$
부하	1	> n/2	$\Theta(1/\sqrt{n})$	$\Theta(1/\sqrt{n})$
회복성	0	< n/2	$\Theta(\sqrt{n})$	$\Theta(\sqrt{n})$
장애 확률	1 − p	→ 0	→ 1	→ 0

표 7.23 쿼럼 시스템별 회복성, 작업, 부하, 점근적 장애 확률. 각 행에서 가장 우수한 항목은 강조해서 표시했다. B-그리드에서 $d = n$, $n = \log n$으로 설정했고, 장애 확률에서 $q = (1-p)$는 상수로 1/2보다 아주 작은 값으로 가정했다.

7.4 비잔틴 쿼럼 시스템

노드가 고장 나는 것은 좋지 않은 일이지만, 대처하기 어려운 일은 아니다. 모든 노드가 응답할 수 있는 다른 쿼럼에 접근하면 그만인 것이다. 하지만 노드가 비잔틴이라면 상황이 어렵게 되는데, 비잔틴 노드가 마치 정상적인 노드인 척할 수 있기 때문이다. 즉, 이러한 경우를 처리하기 위해서는 좀 더 정교한 방법이 필요하다. 두 쿼럼의 교차가 하나의 비-비잔틴(올바른) 노드를 포함하도록 보장할 필요가 있으며, 추가로 비잔틴 노드가 모든 쿼럼에 침투하는 것을 막아야 한다. 이번 절에서는 견고성^{strength}을 증가하는 3가지 대책과 이들이 쿼럼 시스템의 부하에 미치는 영향을 살펴보자.

정의 7.24 (*f*−**전파**$^{f-disseminating}$) 쿼럼 시스템 $\mathcal{S}$는 (1) 두 개의 다른 쿼럼의 교집합이 $f + 1$개의 노드를 가지고, (2) f개의 비잔틴 노드의 모든 집합에 대해 비잔틴 노드가 없는 쿼럼이 적어도 하나 존재할 경우, *f*−**전파**라고 부른다.

부연 설명

- (2) 속성으로 인해, f개의 비잔틴 노드가 있더라도 이 비잔틴 노드들이 고장 난 것처럼 행동하는 것만으로는 모든 쿼럼을 정지시킬 수 없다. 적어도 하나의 쿼럼은 생존할 것이다. 앞으로 설명할 고급 비잔틴 쿼럼 시스템에 대해서도 이 가정을 유지할 것이다.

- 비잔틴 노드는 고장보다 더 안 좋은 상황을 만들 수 있다. 데이터를 위변조할 수 있다! 그럼에도 (1)로 인해 모든 쿼럼 교차 집합에 적어도 비-비잔틴은 하나 존재한다. 데이터가 인증 등의 방법으로 자체 입증이 가능하다면, 하나의 노드만으로도 충분하다.

- 데이터가 자체 입증이 가능하지 않다면, 또 다른 메커니즘이 필요하다.

정의 7.25 (*f*−**마스킹**$^{f-masking}$) 쿼럼 시스템 $\mathcal{S}$는 (1) 두 개의 서로 다른 쿼럼의 교집합이 항상 $2f + 1$개의 노드를 가지며, (2) 비잔틴 노드의 모든 집합에 대해 비잔틴 노드가 없는 쿼럼이 적어도 하나 존재할 경우, *f*−**마스킹**이라 부른다.

부연 설명

- 두 번째 조건을 제외하면 *f*−마스킹 쿼럼 시스템은 2*f*−전파 시스템과 동일하다는 것에 주목하라. 이는 비−비잔틴 노드(최소 *f* + 1개)가 비잔틴 노드(최대 *f*개)를 투표에서 이길 수 있다는 데 착안한 것이나, 이는 모든 비−비잔틴 노드가 최신 정보에 기반할 때만 성립한다.

- 이제 이번 장에서 아직 다루지 않은 문제가 발생한다. 특정 쿼럼에 접근하여 그 값을 갱신한다면, 이 변경 사항은 여전히 비잔틴 쿼럼 시스템에서 다른 노드들에 전파되어야만 한다. 이번 절 마지막에 다룰 불투명한^{opaque} 쿼럼 시스템이 이 문제를 처리한다.

- *f*−전파 쿼럼 시스템은 3*f*개 이상의 노드가 필요하며, *f*−마스킹 쿼럼 시스템은 4*f*개 이상의 노드가 필요하다. 근본적으로, 쿼럼은 너무 많은 노드를 가지고 있지 않을 수 있으며 서로 다른 교집합 속성은 서로 다른 노드 개수의 한도로 이어진다.

정리 7.26 S를 *f*−전파 쿼럼 시스템이라 하자. 그러면 $L(S) \geq \sqrt{(f+1)/n}$이 성립한다.

정리 7.27 S를 *f*−마스킹 쿼럼 시스템이라 하자. 그러면 $L(S) \geq \sqrt{(2f+1)/n}$이 성립한다.

정리 7.26과 정리 7.27의 증명 이 증명은 정리 7.6의 증명을 따른다. 최소 쿼럼으로부터 한 원소만 접근하는 것이 아니라 각각 *f* + 1개, 2*f* + 1개로 접근하는 것이 다를 뿐이다.

정의 7.28 (*f*−**마스킹 그리드 쿼럼 시스템**^{f−masking Grid quorum system}) *f*−**마스킹 그리드 쿼럼 시스템**은 그리드 쿼럼 시스템처럼 구성되나, 각 쿼럼은 하나의 열 전체와 *f* + 1개의 행 노드를 포함하며 $2f + 1 \leq \sqrt{n}$을 만족한다.

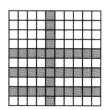

그림 7.29 f—마스킹 그리드에서 $f = 2$, 즉 $2 + 1 = 3$개 행일 경우 쿼럼을 선택한 예. 접근 전략이 균일하게 선택될 때, 부하는 $\Theta\left(f/\sqrt{n}\right)$ 내에 있다. 두 쿼럼은 서로 다른 행이 교차되는 열들에 의해 중첩된다. 즉, 적어도 $2f + 2$개의 노드가 중첩된다.

부연 설명

• f—마스킹 그리드는 f—마스킹 쿼럼 시스템과 부하 하한이 거의 동일하지만, 완전히 그렇지는 않다. 약간의 차이는 있지만, 점근적으로는 최적화할 수 있다.

정의 7.30 (*M*—**그리드 쿼럼 시스템**M–Grid quorum system) *M*—**그리드 쿼럼 시스템**도 그리드 쿼럼 시스템처럼 구성되나, 각 쿼럼은 $\sqrt{f+1}$개의 행과 $\sqrt{f+1}$개의 열 노드를 포함하며 $f \leq \dfrac{\sqrt{n-1}}{2}$을 만족한다.

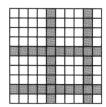

그림 7.31 *M*—그리드에서 $f = 3$, 즉 2개 열과 2개 행인 경우 쿼럼을 선택한 예. 접근 전략이 균일하게 선택될 때, 부하는 $\Theta\left(\sqrt{f/n}\right)$ 내에 있다. 두 쿼럼은 서로 다른 열이 교차되는 행들에 의해 중첩된다. 즉 $2\sqrt{f+1}^{\,2} = 2f + 2$개의 노드가 중첩된다.

따름정리 7.32 f-마스킹 그리드 쿼럼 시스템과 M-그리드 쿼럼 시스템은 f-마스킹 쿼럼 시스템이다.

부연 설명

- 비잔틴 노드가 없을 때와 부하는 거의 동일하다. 하지만 앞에서 언급했듯, 최신 쿼럼과의 교집합을 제외하고 최신 상태가 아닌 쿼럼에 접근한다면 어떻게 될까? 큰 손실 없이 이 문제를 확실히 해결할 수 있을까?

- 이 속성을 다루는 것이 불투명한^opaque 쿼럼 시스템이다. 이 속성은 올바른 최신 상태의 노드의 수가 쿼럼 내의 비잔틴 노드와 최신 상태가 아닌 노드 수들의 합보다 큰 것을 보장한다(수식 7.33.1 참고).

정의 7.33 (f**-불투명 쿼럼 시스템**^f-opaque quorum system) 쿼럼 시스템 $\mathcal{S}$는 다음 두 속성이 f개의 비잔틴 노드의 집합 F와 두 개의 서로 다른 쿼럼 Q_1, Q_2 사이에 유지된다면 f**-불투명**^f-opaque이라 한다.

$$|(Q_1 \cap Q_2) \setminus F| > |(Q_2 \cap F) \cup (Q_2 \setminus Q_1)| \qquad \text{(수식 7.33.1)}$$

$$Q \in \mathcal{S}일 \text{ 때 } (F \cap Q) = \varnothing \qquad \text{(수식 7.33.2)}$$

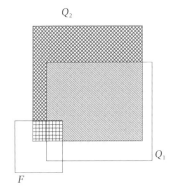

그림 7.34 불투명 쿼럼 시스템의 교집합 속성. 수식 7.33.1은 Q_1, Q_2의 교집합

내 비-비잔틴 노드 집합이, 비잔틴 노드가 최신 상태가 아닌 노드들과 '협력'한다 해도 최신 상태가 아닌 노드들의 집합보다 크다는 것을 보장한다. 따라서 올바른 최신 값을 과반수 투표majority voting로 항상 알아낼 수 있다.

정리 7.35 S를 f-불투명 쿼럼 시스템이라 하자. 그러면 $n > 5f$이다.

증명 수식 7.33.2로 인해 최대 $n - f$개 노드를 갖는 쿼럼 Q_1이 존재한다. 수식 7.33.1로 인해 $|Q_1| > f$가 성립한다. F_1을 $F_1 \subset Q_1$과 수식 7.33.2를 충족하는 f개의 (비잔틴) 노드의 집합이라고 하면, $Q_2 \subset V \setminus F_1$인 Q_2가 존재한다. 따라서 $|Q_1 \cap Q_2| \leq n - 2f$이다. 수식 7.33.1에 따라 $|Q_1 \cap Q_2| > f$가 성립한다. 따라서 $F_2 \subset (Q_1 \cap Q_2)$를 만족하는 f개의 (비잔틴) 노드 F_2를 선택할 수 있다. 수식 7.33.1을 이용하여 다음 식으로부터 $n - 3f$의 하한을 구할 수 있다. $n - 3f > |(Q_2 \cap Q_1)| - |F_2| \geq |(Q_2 \cap Q_1) \cup (Q_1 \cap F_2)| \geq |F_1| + |F_2| = 2f$.

부연 설명

- 과반수 쿼럼 시스템에서 각 쿼럼의 크기를 $(2n + 2f)/3$개의 노드를 유지하게 설정하면 f-불투명으로 확장할 수 있다. 그러면 그 부하는 $1/n \lceil (2n + 2f)/3 \rceil \approx 2/3 + 2f/3n \geq 2/3$이다.

- 이보다 더 좋은 게 있을까? 안타깝게도 그렇지 않다….

이론 7.36 S를 f-불투명 쿼럼 시스템이라고 하자. 그러면 $L(S) \geq 1/2$가 성립한다.

증명 수식 7.33.1은 Q_1, $Q_2 \in S$에 대해서 Q_1, Q_2의 교집합이 적어도 해당 쿼럼 크기의 절반, 즉 $|(Q_1 \cap Q_2)| \geq |Q_1|/2$임을 내포한다. S가 쿼럼 Q_1, Q_2, …로 구성되어 있다고 하자. Q_1에 대해 접근 전략 Z로 초래되는 부하는 다음과 같다.

$$\sum_{v \in Q_1} \sum_{v \in Q_i} L_Z(Q_i) = \sum_{Q_i} \sum_{v \in (Q_1 \cap Q_i)} L_Z(Q_i) \geq \sum_{Q_i} (|Q_1|/2) L_Z(Q_i) = |Q_1|/2$$

비둘기집 원리를 이용하면, 최소 1/2의 부하를 갖는 Q_1 내 적어도 하나의 노드가 있을 것이다.

챕터 노트

역사적으로, 쿼럼은 그룹의 비즈니스를 실행하기 위해 필요한 심의회의 멤버의 최솟값을 일컫는다. 컴퓨터 공학에서는 이러한 활용에 착안해 1970년대 후반 및 1980년대 초반부터 쿼럼 시스템을 도입하게 되었다. 초기 연구는 과반수 쿼럼 시스템에 집중되었으며[Lam78, Gif79, Tho79], 이 연구들은 [GB85] 직후 도입된 최소성^{minimality}의 개념이 적용되었다. 그리드 쿼럼 시스템은 [Mae85]에서 처음 고려되었으며, B-그리드는 [NW94]에서 소개되었다. [NW94]와 [PW95]는 부하와 회복성에 대한 연구 또한 촉발했다.

f-마스킹 그리드 쿼럼 시스템과 불투명 쿼럼 시스템은 [MR98]에서 비롯되었으며, M-그리드 쿼럼 시스템은 [MRW97]에서 소개되었다. 두 논문은 또한 비잔틴 쿼럼 시스템의 정식 연구의 시작을 알렸다. f-마스킹과 M-그리드는 1의 점근적 장애 확률을 가지며, 더 복잡하고 더 나은 성능도 논문에서 찾을 수 있다.

또한 쿼럼 시스템은 노드들이 동적으로 탈퇴하거나 참여하는 데 대응하도록 확장되었다. 예를 들어 [NW05]의 동적 경로 쿼럼 시스템이 있다.

쿼럼 시스템의 더 자세한 개요는 [Vuk12] 도서와 [MR10] 논문을 참조한다.

참고 문헌

[GB85]   Hector Garcia-Molina and Daniel Barbará. How to assign votes in a distributed system. *J. ACM*, 32(4):841–860, 1985.

[Gif79]   David K. Gifford. Weighted voting for replicated data. In Michael D. Schroeder and Anita K. Jones, editors, *Proceedings of the Seventh Symposium on Operating System Principles, SOSP 1979, Asilomar Conference Grounds, Pacific Grove, California, USA, 10-12, December 1979*, pages 150–162. ACM, 1979.

[Lam78]   Leslie Lamport. The implementation of reliable distributed multiprocess systems. *Computer Networks*, 2:95–114, 1978.

[Mae85]   Mamoru Maekawa. A square root N algorithm for mutual exclusion in decentralized systems. *ACM Trans. Comput. Syst.*, 3(2):145–159, 1985.

[MR98]   Dahlia Malkhi and Michael K. Reiter. Byzantine quorum systems. *Distributed Computing*, 11(4):203–213, 1998.

[MR10]   Michael G. Merideth and Michael K. Reiter. Selected results from the latest decade of quorum systems research. In Bernadette Charron-Bost, Fernando Pedone, and André Schiper, editors, *Replication: Theory and Practice*, volume 5959 of *Lecture Notes in Computer Science*, pages 185–206. Springer, 2010.

[MRW97]   Dahlia Malkhi, Michael K. Reiter, and Avishai Wool. The load and availability of byzantine quorum systems. In James E. Burns and Hagit Attiya, editors, *Proceedings of the Sixteenth Annual ACM Symposium on Principles of Distributed Computing, Santa Barbara, California, USA, August 21-24, 1997*, pages 249–257. ACM, 1997.

[NW94]   Moni Naor and Avishai Wool. The load, capacity and availability of quorum systems. In *35th Annual Symposium on Foundations of Computer Science, Santa Fe, New Mexico, USA, 20-22 November 1994*, pages 214–225. IEEE Computer Society, 1994.

[NW05]   Moni Naor and Udi Wieder. Scalable and dynamic quorum systems. *Distributed Computing*, 17(4):311–322, 2005.

[PW95]   David Peleg and Avishai Wool. The availability of quorum systems. *Inf. Comput.*, 123(2):210–223, 1995.

[Tho79]   Robert H. Thomas. A majority consensus approach to concurrency control for multiple copy databases. *ACM Trans. Database Syst.*, 4(2):180–209, 1979.

[Vuk12]   Marko Vukolić. *Quorum Systems: With Applications to Storage and Consensus*. Synthesis Lectures on Distributed Computing Theory. Morgan & Claypool Publishers, 2012.

제 **8** 장

궁극적 일관성과 비트코인

당신이라면 ATM을 어떻게 구현하겠는가? 다음과 같이 구현하면 만족스러울까?

알고리즘 8.1 단순한 ATM

1: ATM은 은행에 인출 요청을 한다.

2: ATM은 은행으로부터 응답을 기다린다.

3: **if** 고객의 잔고가 충분하다면 **then**

4:      ATM은 현금을 제공한다.

5: **else**

6:      ATM은 에러 메시지를 표시한다.

7: **end if**

부연 설명

- 은행과 ATM 사이에 연결 문제가 생기면 알고리즘 8.1의 2행에서 진행이 막힐 수 있다.

- **네트워크 분할**network partition이란 네트워크가 최소 두 개로 나뉘어 서로 커뮤니케이션하지 못하는 장애를 말한다. 직관적으로, 단순하지 않은 분산 시스템은 분할 상황에서 진행하지 못하고 또한 일관성을 유지하지도 못한다. 이번 장에서 곧이어 일관성consistency, 가용성availability, 분할 내성partition tolerace 간의 트레이드오프를 살펴볼 것이다.

- 분할을 야기하는 다양한 요소가 존재한다. 물리적 단절, 소프트웨어 에러, 호환되지 않는 프로토콜 버전 등을 예로 들 수 있다. 시스템의 노드 관점에서는, 분할은 지속적인 메시지 손실 기간과 유사하다고도 볼 수 있다.

8.1 일관성, 가용성, 분할 내성

정의 8.2 (**일관성**^{consistency}) 시스템의 모든 노드는 시스템의 현재 상태에 대해 동의한다.

정의 8.3 (**가용성**^{availability}) 시스템은 운영 가능하며 들어오는 요청을 즉시 처리 가능하다.

정의 8.4 (**분할 내성**^{partition tolerace}) 분산 시스템이 네트워크 분할 상황에서도 올바르게 동작을 지속하는 능력이다.

정리 8.5 (**CAP 정리**^{CAP theorem}) 분산 시스템이 일관성, 가용성, 분할 내성을 전부 동시에 제공하는 것은 불가능하다. 분산 시스템은 이 속성 중 2개는 충족할 수 있으나 3개 전부를 제공할 수는 없다.

증명 특정 상태를 공유하는 두 개의 노드를 가정하자. 이 노드들은 각기 다른 분할되어 있어 서로 커뮤니케이션할 수 없다. 상태를 갱신하는 요청이 들어와 하나의 노드와 교신하려 한다고 하자. 해당 노드는 두 가지 처리 옵션을 가진다. (1) 로컬 상태를 갱신한다. 이는 일관성 없는 상태를 가져온다. (2) 로컬 상태를 갱신하지 않는다. 이 경우 시스템은 더는 갱신이 불가능해진다.

알고리즘 8.6   분할 내성과 가용성을 가진 ATM

1: **if** 은행에 연결 가능하다면 **then**

2:　　　ATM과 은행 간의 잔고에 대한 로컬 뷰를 동기화한다.

3:　　　**if** 고객의 잔고가 충분하지 않으면 **then**

4:　　　　　ATM은 에러를 표시하고 사용자와의 상호작용을 중지한다.

5:　　　**end if**

6: **end if**

7: ATM은 현금을 제공한다.

8: ATM은 동기화를 위해 인출에 대한 기록을 남긴다.

부연 설명

• 알고리즘 8.6은 은행에 연결하지 못하는 경우에도 요청을 계속 처리하므로 분할 내성과 가용성을 지닌다.

• 잔고에 대한 ATM의 로컬 뷰는 은행이 알고 있는 잔고에서 벗어날 수 있으므로 일관성은 더는 보장되지 않는다.

• 이 알고리즘은 은행과 다시 연결되었을 때 로컬 잔고에 적용한 변경 사항을 은행과 동기화할 것이다. 이를 궁극적 일관성eventual consistency이라 부른다.

정의 8.7 (**궁극적 일관성**eventual consistency) 공유 상태에 새로운 갱신이 발생하지 않는다면, 시스템은 궁극적으로 휴식 상태, 즉 노드 간에 더는 메시지가 교환될 필요가 없는 상태에 있다고 한다. 해당 공유 상태는 일관성을 지닌다.

부연 설명

• 궁극적 일관성은 **약한 일관성**weak consistency의 한 형태이다.

• 궁극적 일관성은 상태가 궁극적으로 동의되는 것을 보장하나 일시적으로는 노드들이 동의하지 않을 수 있다.

• 네트워크 분할 동안, 서로 다른 갱신끼리 의미적으로semantically 서로 충돌할 수 있다. 충돌 해결conict resolution 메커니즘을 통해 이 충돌을 해결하고 노드들이 궁극적으로 공통의 상태에 동의하도록 해야 한다.

• 궁극적 일관성의 한 예가 비트코인 암호화폐 시스템이다.

8.2 비트코인

정의 8.8 (**비트코인 네트워크**^{Bitcoin network}) 비트코인 네트워크는 임의로 연결된 수천 개 **노드**^{node}의 중첩 네트워크이며, 다양한 소유자들에 의해 제어된다. 모든 노드는 동일한 동작을 수행한다. 즉 등질한^{homogeneous} 네트워크이며, 중앙화된 제어가 존재하지 않는다.

부연 설명

• 이 네트워크는 의도적으로 구조를 갖추지 않는다. 이것은 공격자가 전략적으로 자신을 네트워크에 위치시키고 정보 교환을 조작하지 못하도록 보장한다. 정보는 간단한 브로드캐스팅 프로토콜을 통해 교환된다.

정의 8.9 (**주소**^{address}) 사용자는 몇 개의 비밀 키든 생성할 수 있고 여기서 공개 키를 도출할 수 있다. 주소는 공개 키로부터 도출되며 비트코인 자금의 수신자를 식별하기 위해 사용된다. 비밀/공개 키 쌍은 주소의 자금 소유자를 고유하게 식별하는 데 사용된다.

부연 설명

• 공개 키와 주소는 둘 다 공개 정보이므로 서로 호환하여 사용되는 용어이다. 주소를 사용하는 이점은 표현 방식이 공개 키에 비해 짧다는 데 있다.

• 주소와 해당 주소를 제어하는 사용자를 연결하는 것이 어렵기 때문에, 종종 비트코인은 **익명성**^{pseudonymous}이 있다고 언급된다.

• 모든 사용자가 완전한 검증^{validating} 노드를 운영할 필요는 없고, 최종 사용자는 주로 임시로 네트워크에 연결하는 경량 클라이언트를 사용한다.

• 비트코인 네트워크는 협업하여 각 주소에 있는 비트코인 잔고를 추적한다.

• 주소는 네트워크 식별자 바이트, 공개 키의 해시값, 체크섬으로 구성된다. 보통 베이스 58 인코딩 방식으로 저장되는데, 이는 베이스 64에서 여러 가지로 해

석될 수 있는 부호(예를 들어 소문자 l은 숫자 1과 유사하다)를 제거한 커스텀 인코딩 방식이다.

- 해싱 알고리즘은 20바이트 크기의 주소를 산출한다. 이는 2^{160}개의 개별 주소가 있다는 의미다. 대상 주소에 대해 무차별 대입 공격을 한다면 매칭되는 비밀/공개 키 쌍을 찾기 위해 초당 1조 번 시도한다고 해도 약 2^{45}년이 필요하다. 생일 패러독스$^{\text{birthday paradox}}$ 덕분에 단일 주소를 무차별 대입하는 대신 임의의 주소에 대해 시도한다면 확률은 커질 것이다. 주소가 많을수록 성공적인 시도의 확률이 커지겠지만 이를 위한 검색 비용도 더 커질 것이다.

정의 8.10 (**출력값**^{output}) **출력값**은 비트코인 금액과 지불 조건$^{\text{spending condition}}$으로 이뤄진 튜플이다. 일반적으로 지불 조건은 주소의 비밀 키와 연계된 유효한 서명을 요구한다.

부연 설명
- 지불 조건은 다양한 옵션을 제공하는 스크립트이다. 단일 서명 외에도, 간단한 연산 결과나 암호화 퍼즐에 대한 답을 요구하는 조건들이 포함될 수 있다.

- 출력값은 지불^{spent}과 미지불^{unspent} 두 가지 상태가 있다. 모든 출력값은 최대 한 번 지불이 가능하다. 주소 잔고는 해당 주소와 연계된 비트코인 중 미지불 출력값에 있는 총액이다.

- 미지불 트랜잭션 출력값$^{\text{unspent transaction output}}$($\text{UTXO}$)의 집합과 일부 추가적인 전역 설정값들은 비트코인에서 공유된 상태를 구성한다. 비트코인 네트워크의 모든 노드는 해당 상태에 대한 완전한 복제를 유지한다. 로컬 복제는 일시적으로 벗어날 수도 있으나 궁극적으로는 일관성이 재달성된다.

정의 8.11 (**입력값**^{input}) **입력값**은 이전에 생성한 출력값에 대한 참조와 지불 조건에 대한 인수^{argument}(서명^{signature})로 구성된 튜플이다. 이는 트랜잭션 생성자가 참조된 출력값을 지불하는 허가를 갖고 있음을 증명한다.

정의 8.12 (**트랜잭션**transaction) 트랜잭션은 지불자에서 수신자에게 비트코인의 전송을 기술하는 데이터 구조이다. 트랜잭션은 여러 입력값과 새로운 출력값으로 이뤄진다. 참조된 출력값은 지불된 상태로 바뀌며(UTXO에서 제거) 새로운 출력값이 UTXO에 추가된다.

부연 설명

- 입력값은 (h, i) 튜플로 지불하는 출력값을 참조한다. h는 해당 출력값을 생성한 트랜잭션의 해시이며 i는 해당 트랙잭션에서 출력값의 인덱스를 특정한다.

- 트랜잭션은 비트코인 네트워크로 브로드캐스트되며 이를 수신한 모든 노드에서 처리된다.

알고리즘 8.13   노드가 트랜잭션을 수신함

1: 트랜잭션 t를 수신한다.

2: **for each** t 내의 입력값 (h, i)마다 **do**

3:      **if** 출력값 (h, i)가 로컬 UTXO에 없거나 서명이 유효하지 않다면 **then**

4:           t 처리를 그만두고 정지한다.

5:      **end if**

6: **end for**

7: **if** 입력값의 총합이 새로운 출력값의 합보다 작다면 **then**

8:      t 처리를 그만두고 정지한다.

9: **end if**

10: **for each** t 내의 입력값 (h, i)에 대해서 **do**

11:      로컬 UTXO에서 (h, i)를 제거한다.

12: **end for**

13: t를 로컬 히스토리에 덧붙인다.

14: t를 비트코인 네트워크의 주변 노드들에 전달한다.

부연 설명

• 트랜잭션이 상태에 끼칠 영향은 결정론적임을 주목하라. 다시 말해 모든 노드가 동일한 집합의 트랜잭션을 동일한 순서로 가지고 있다면(정의 2.8) 노드 간에 상태는 일관성을 지닌다.

• 트랜잭션의 출력값은 입력값의 총합보다 적게 할당될 수 있는데, 이 경우 그 차액을 트랜잭션 **수수료**fee라고 부른다. 수수료는 시스템의 다른 참여자들을 유인하는 인센티브로 사용된다(정의 8.19 참고).

• 현재까지는 로컬 허용 정책local acceptance policy만을 설명했다. 노드가 로컬에서 동일한 출력값을 지불하는 다른 트랜잭션을 허용하는 것을 막지는 못한다.

• 트랜잭션은 미확정unconfirmed 또는 확정confirmed 두 가지 상태 중 하나에 속하게 된다. 브로드캐스트되어 들어오는 트랜잭션은 미확정 상태이며 **메모리 풀**memory pool이라 불리는 트랜잭션의 풀에 추가된다.

정의 8.14 (**이중 지불**doublespend) **이중 지불**이란 다수의 트랜잭션이 동일한 출력값을 지불하려 시도하는 상황을 일컫는다. 출력값은 오직 한 번만 지불될 수 있기 때문에 하나의 트랜잭션만이 유효할 수 있다. 노드가 이중 지불 상태의 다른 트랜잭션들을 허용한다면, 공유된 상태는 일관성을 잃게 된다.

부연 설명

• 다수의 사용자가 출력값을 공동 소유하는 경우처럼, 이중 지불은 자연스레 일어날 수 있다. 하지만 많은 경우 이중 지불은 의도적이고, 이를 이중 지불 공격이라 한다. 트랜잭션에서 공격자가 피해자에게 출력값을 전송하는 척하고 다른 트랜잭션을 통해 동일한 출력값을 자신에게 전송하여 이중 지불을 시도한다.

• 트랜잭션들의 유효성이 도착한 순서에 따라 결정되므로 이중 지불은 일관성 없는 상태를 가져올 수도 있다. 한 노드에서 충돌이 나는 두 개의 트랜잭션이 발견되면, 알고리즘 8.13에 의해 첫 번째 도착한 것을 유효하다고 본다. 두 번째 도착한 트랜잭션은 이미 지불된 출력값을 지불하려고 시도하므로 유효하지 않

다. 트랜잭션이 발견되는 순서는 모든 노드에서 동일하지 않으므로 일관성 없
는 상태에 이를 수 있다.

- 이중 지불이 해결되지 않으면, 공유된 상태는 나뉘게 된다. 그러므로 충돌 해결
  메커니즘은 충돌이 나는 트랜잭션들 가운데 어떤 것을 확정할 것인지(즉 모든
  노드에 의해 허용될 것인지) 결정하는 데 필요하며, 이를 통해 궁극적 일관성
  을 얻을 수 있다.

정의 8.15 (**작업 증명**proof-of-work, PoW) **작업 증명**은 한 참여자가 다른 참여자에
게 일정량의 연산 자원을 일정 기간 활용했음을 증명하는 메커니즘이다. 난이도
difficulty d은 양수이고, 챌린지challenge c와 논스nonce x는 보통 비트열이라고 할 때,
함수 $\mathcal{F}_d(c, x) \rightarrow \{\text{true, false}\}$는 다음 속성을 가지면 작업 증명 함수라고 부른
다.

1. $\mathcal{F}_d(c, x)$는 d, c, x가 주어지면 빠르게 연산된다.

2. 고정된 매개변수 d와 c에 대해 함수 $\mathcal{F}_d(c, x) = \text{true}$를 만족하는 x를 찾는
   것은 연산적으로 어려우나 실행 가능하다. 난이도 d는 x를 찾는 시간을 조
   정하기 위해 사용된다.

정의 8.16 (**비트코인 PoW 함수**Bitcoin PoW function) **비트코인 PoW 함수**는 다음과 같다.

$$\mathcal{F}_d(c, x) \rightarrow \text{SHA256}(\text{SHA256}(c|x)) < 2^{224}/d$$

부연 설명

- 이 함수는 챌린지 c와 논스 x를 이어 붙이고 두 번의 SHA256을 통해 해시값
  을 구한다. SHA256의 결과는 $\{0, \cdots, 2^{256} - 1\}$ 내의 숫자를 갖는 암호학 해
  시값이고, 목표값 $2^{224}/d$의 비교 대상이 되며, 난이도가 커질수록 이 값은 작아
  진다.

- SHA256은 의사 난수pseudorandom 출력값을 갖는 암호학 해시 함수이다. 함수

$\mathcal{F}_d(c, x)$가 true를 반환하는 논스 x를 찾을 때, 가능한 입력값으로 단순히 반복하는 것 외에 더 나은 알고리즘이 없다. 계획적으로 입력값을 찾는 것을 어렵게 만들고, 찾았을 때 유효성을 검증하는 것은 간단하게 한 셈이다.

- 모든 노드의 PoW 함수가 동일한 챌린지를 가진다면, 가장 빠른 노드가 매번 승리할 것이다. 하지만 정의 8.19에서 본 것처럼, 각 노드는 노드에 특화된 챌린지에 유효한 논스를 찾는 시도를 한다.

정의 8.17 (**블록**block) **블록**은 한 노드의 로컬 상태에 점진적인 변경 사항을 전달하기 위한 데이터 구조이다. 블록은 트랜잭션의 리스트, 이전 블록에 대한 참조, 논스로 이뤄진다. 블록은 블록 생성자('채굴자miner')가 이전 블록 이후부터 메모리 풀에 추가를 승인한 트랜잭션들 중 일부를 기입한다. 노드는 PoW 함수에 유효한 논스를 찾았을 때 해당 블록을 브로드캐스트한다.

알고리즘 8.18   노드가 블록을 찾음

1: 논스 $x = 0$, 챌린지 c, 난이도 d, 이전 블록 b_{t-1}

2: **repeat**

3:       $x = x + 1$

4: **until** $\mathcal{F}_d(c, x)$ = true일 때까지

5: 블록 $b_t = ($메모리 풀, $b_{t-1}, x)$를 브로드캐스트한다.

부연 설명

- 이전 블록의 참조로 인해, 블록들은 트리를 구성할 수 있으며 **제너시스 블록**genesis block이 트리의 루트가 된다.

- PoW 메커니즘을 사용하는 주요 목표는 네트워크에서 블록을 찾는 속도를 조정하기 위함이며 이는 네트워크가 최신 블록으로 동기화할 수 있는 시간을 벌어준다. 비트코인은 전역적으로 10분마다 블록 하나가 생성되도록 난이도를

설정했다.

- 블록을 찾으면 발견자는 자신의 로컬 메모리 풀에 있는 트랜잭션들을 다른 모든 노드에 적용하게 한다. 블록을 수신한 모든 노드는 이전 블록 이후부터 적용된 로컬 변경 사항들을 되돌리고 새로운 블록의 트랜잭션들을 적용한다.

- 블록 안에 포함된 트랜잭션들은 해당 블록에 의해 **확정**되었다고 할 수 있다.

정의 8.19 (**보상 트랜잭션**reward transaction)　블록 안의 첫 번째 트랜잭션은 **보상 트랜잭션**이라 불린다. 해당 블록의 채굴자는 트랜잭션들을 확정한 데 대해 새로운 코인 발행을 허가받는 것으로 보상받는다. 보상 트랜잭션은 의미 없는 입력값을 가지며, 출력값의 총합은 고정 장려금subsidy과 블록 내 확정된 트랜잭션들의 수수료 총합을 더한 것으로 결정된다.

부연 설명

- 보상 트랜잭션은 입력값의 총합이 적어도 출력값의 총합이어야 한다는 규칙에 대해 유일하게 예외가 적용된다.

- 보상 트랜잭션으로 발행되고 채굴자에게 할당되는 비트코인의 수는 프로토콜의 일부인 장려금 일정에 의해 결정된다. 초기 장려금은 블록당 50비트코인이었으며 210,000개의 블록마다 또는 4년마다 절반씩 줄어들길 예상하며 정해졌다. 블록 보상이 절반씩 줄어들기에 유통되는 비트코인의 총량은 2100만 개를 넘지 않는다.

- 에너지와 인프라 관점에서 블록을 찾기 위해 PoW를 수행하는 비용은 채굴자가 블록 내 보상 트랜잭션에서 받는 보상의 가치에 근접한다고 예상된다.

정의 8.20 (**블록체인**blockchain)　제너시스 블록, 즉 트리의 루트부터 리프leaf 노드까지의 가장 긴 경로를 **블록체인**이라 부른다. 블록체인은 모든 노드가 궁극적으로 동의하는 일관된 트랜잭션 히스토리의 역할을 한다.

부연 설명

- 제너시스 블록부터 블록 b까지의 경로 길이는 높이 h_b이다.

- 제너시스 블록부터 리프 노드까지 가장 긴 경로만이 유효한 트랜잭션 히스토리이다. 이는 브랜치들이 이중 지불로 인해 서로 충돌할 수 있기 때문이다.

- 가장 긴 경로에 있는 트랜잭션들만이 동의를 이뤘기 때문에, 채굴자들은 이 가장 긴 체인에 그들의 블록을 추가하려는 인센티브를 가지기에 현재 상태에 동의하게 된다.

- 채굴 인센티브는 PoW 메커니즘의 난이도를 급격하게 높였다. 초기에 채굴자들은 CPU를 이용해서 블록을 채굴했으나 비트코인이 각광받으면서 빠른 시일에 CPU는 GPU, FPGA, 심지어 특정 용도에 특화된 주문형 반도체(ASIC)으로 대체되었다. 그 결과 하드웨어 공급 및 전기 비용 면에서 비용 효율적인 채굴자들만이 수익을 기대할 수 있는 균형 상태에 이르렀다.

- 다수의 블록이 거의 동시에 채굴되었다면 시스템이 **포크**^{fork}되었다고 한다. 채굴은 분산된 확률과정^{random process}이므로 포크는 자연스럽게 발생하며, 두 개의 새로운 블록이 거의 동시에 발견될 수 있다.

알고리즘 8.21 노드가 블록을 수신함

1: 블록 b를 수신한다.

2: 이 노드에서 현재 헤드는 높이 h_{max}를 갖는 블록 b_{max}이다.

3: 블록 b를 트리에서 부모 p의 자식으로 연결하고, 높이는 $h_b = h_p + 1$이 된다.

4: **if** $h_b > h_{max}$라면 **then**

5:      $h_{max} = h_b$

6:      $b_{max} = b$

7:      b_{max}에 이르는 경로에 대해 UTXO를 계산한다.

8:      메모리 풀을 정리한다.

9: **end if**

부연 설명

• 알고리즘 8.21은 노드가 블록을 수신했을 때 로컬 상태를 갱신하는 방식을 기술한다. 알고리즘 8.13과 마찬가지로 이는 로컬 정책을 기술하고 있으며, 현재 헤드에서 동일한 높이의 다른 블록을 허용하므로 노드 상태가 갈라지는 결과를 가져올 수 있음을 명심하자.

• 현재 경로를 확장하는 것과는 다르게, 경로를 전환^{switch}하는 것은 확정된 트랜잭션이 더 이상 확정되지 않는 결과에 이를 수 있다. 이는 새로운 경로의 블록들이 해당 트랜잭션들을 포함하지 않기 때문이다. 경로를 전환하는 것을 **재정렬**^{reorg}이라고 한다.

• 메모리 풀을 정리하는 것은 (1) 현재 경로의 블록에서 확정된 트랜잭션들을 제거하고 (2) 확정된 트랜잭션들과 충돌하는 트랜잭션들을 제거하고 (3) 이전 경로에서는 확정되었지만 현재 경로에서는 확정되지 않은 트랜잭션들을 추가하는 것이다.

• 블록체인에 추가되는 새로운 블록에 대해서 전체 UTXO를 매번 재계산하는 것을 피하기 위해, 오늘날의 모든 구현체에서는 한 블록에 의해 적용된 동작에 대한 명령 취소^{undo} 정보를 저장하는 데이터 구조를 사용한다. 이는 해당 경로를 따라 이동하게 되어 효율적인 경로 전환과 헤드 갱신을 가능하게 한다.

정리 8.22 포크는 궁극적으로 해결되며, 모든 노드는 가장 긴 블록체인에 대해 궁극적으로 동의하게 된다. 그러므로 시스템은 궁극적 일관성을 보장한다.

증명 포크가 지속되기 위해서는 블록들의 쌍이 연속으로 발견되어 별개의 브랜치들을 확장해야 하는데, 그렇지 않다면 짧은 브랜치를 가진 노드들은 더 긴 브랜치로 전환될 것이다. 브랜치들이 거의 동시에 확장할 확률은 포크의 길이에 비하여 지수적으로 감소하는데 이는 종국에는 하나의 브랜치만이 확장되어 가장 긴 체인이 되는 시점이 존재함을 의미한다.

8.3 스마트 컨트랙트

정의 8.23 (**스마트 컨트랙트**^{smart contract}) **스마트 컨트랙트**는 둘 또는 그 이상 참여자들 간의 동의 사항이며, 블록체인에 의해 올바른 실행을 보장받는 방식으로 표현된다.

부연 설명

- 컨트랙트는 비즈니스 로직이 비트코인 트랜잭션에 인코딩될 수 있게 하며, 이는 동의된 행동이 수행됨을 상호 간에 보장한다. 블록체인은 한 참여자가 동의 사항을 지키지 않을 경우 충돌 중재자의 역할을 한다.

- 출력값에 대한 지불 조건으로 스크립트를 사용함으로써 스마트 컨트랙트가 가능해진다. 타임락^{timelock} 같은 부가적인 기능과 함께, 스크립트는 누가 언제 출력값과 연계된 자금을 지불하는지 등의 복잡한 조건을 표현할 수 있게 한다.

정의 8.24 (**타임락**^{timelock}) 비트코인은 트랜잭션을 미래의 특정 시점까지 유효하지 않게 하는 메커니즘을 제공하며, 이를 **타임락**이라고 한다. 트랜잭션은 락 시각을 지정할 수 있다. 유닉스 타임스탬프 또는 블록체인 높이 중 빠른 시각이며, 그 시점에 블록에 포함되어 확정된다.

부연 설명

- 타임락을 가진 트랜잭션은 타임락이 만료될 때까지 네트워크에 배포되지 않는다. 트랜잭션을 받은 노드는 타임락이 만료될 때까지 트랜잭션을 로컬에 저장하고 이후에 네트워크로 내보낼 책임을 진다.

- 미래 시점의 타임락을 가진 트랜잭션은 유효하지 않다. 블록은 아직 만료되지 않은 타임락을 가진 트랜잭션을 포함하지 않을 수 있다. 즉, 블록들은 만료 타임스탬프보다 이전이거나 명시된 블록 높이보다 낮은 시점에 채굴된다. 블록이 만료되지 않은 트랜잭션을 포함할 경우 해당 블록은 유효하지 않다. 유효하지 않은 트랜잭션이나 블록을 수신할 경우, 노드는 이를 즉시 폐기하며 다른 노드

들에 전달하지 않는다.

- 타임락은 트랜잭션을 무효화하거나 다른 트랜잭션으로 교환하는 데 사용될 수 있다. 타임락이 걸린 트랜잭션 t_1은 동일한 출력값 일부를 지불하는 다른 트랜잭션 t_0로 대체될 수 있는데, 이는 대체할 트랜잭션 t_0가 더 이른 타임락을 가지고 대체되는 트랜잭션 t_1이 유효하게 되기 전에 네트워크로 전파될 수 있을 때만 가능하다.

정의 8.25 (**단일 시그**^{singlesig}**와 멀티 시그**^{multisig} **출력값**) 출력값이 **단일 서명**^{single} ^{signature}을 제공해 소유권을 증명할 수 있으면 이를 **단일 시그 출력값**이라고 부른다. 반대로 **멀티 시그 출력값**의 스크립트는 m개의 공개 키 집합을 특정하며 출력값이 유효하려면 해당 집합에 속한 공개 키와 일치하는 k-of-m($k \leq m$)개의 유효한 서명을 요구한다.

부연 설명

- 대부분의 스마트 컨트랙트는 2-of-2 멀티시그 출력값의 생성으로 시작되며 이는 두 참여자 모두에게 서명을 요구한다. 멀티 시그 출력값을 생성한 트랜잭션이 블록체인에서 확정되면 두 참여자는 출력값의 자금이 일방적으로 지불될 수 없다는 것을 보장받는다.

알고리즘 8.26 참여자 A와 B가 2-of-2 멀티시그 출력값을 생성함

1: B는 코인 c_B를 갖는 입력값들의 리스트 I_B를 A에게 보낸다.

2: A는 코인 c_A를 갖는 자신의 입력값 리스트 I_A를 선정한다.

3: A는 트랜잭션 $t_s\{[I_A, I_B], [o = c_A + c_B \rightarrow (A, B)]\}$를 생성한다.

4: A는 타임락이 설정된 트랜잭션 $t_r\{[o], [c_A \rightarrow A, c_B \rightarrow B]\}$를 생성하고 서명한다.

5: A는 t_s와 t_r를 B에게 보낸다.

6: B는 t_s와 t_r 둘 다 서명하고 A에게 보낸다.

7: A는 t_s를 서명하고 비트코인 네트워크에 브로드캐스트한다.

부연 설명

- t_s는 셋업 트랜잭션^{setup transaction}이라 불리며, 공유 계정에 자금을 묶어두기^{lock in} 위해 사용한다. t_s가 서명되고 즉시 브로드캐스트된다면, 참여자 중 하나가 해당 멀티 시그 출력값을 지불하는 데 협조하지 않을 수도 있기에 자금이 지불 불가 상태가 된다. 자금이 지불될 수 없는 상황을 피하기 위해, 이 프로토콜은 타임락이 걸린 환불^{refund} 트랜잭션 t_r 또한 생성하는데, 이는 타임락이 만료되기 전까지 해당 자금이 지불되지 않으면 연관된 참여자에게 반환되는 것을 보장한다. 참여자 중 하나가 전체 서명된 환불 트랜잭션을 보유하지 않고서는 다른 참여자가 전체 서명된 셋업 트랜잭션을 보유할 수 없다. 즉, 이는 궁극적으로 자금이 반환됨을 보장한다.

- 두 트랜잭션 모두 참여자 양쪽의 서명을 요구한다. 셋업 트랜잭션의 경우 A와 B로부터 각각의 입력값을 가지기 때문에 각각의 서명을 필요로 한다. 환불 트랜잭션의 경우, 멀티시그 출력값을 지불하는 단일 입력값이 2-of-2 멀티시그 출력값이므로 연계된 두 개의 서명을 요구한다.

알고리즘 8.27 S에서 R로의 간단한 마이크로페이먼트^{micropayment} 채널(용량 c)

1: $c_S = c$, $c_R = 0$

2: S와 R는 알고리즘 8.26을 이용하여 S로부터 값 c로 출력값 o를 셋업한다.

3: 정산^{settlement} 트랜잭션 $t_f\{[o], [c_S \rightarrow S, c_R \rightarrow R]\}$를 생성한다.

4: **while** 채널이 열려 있고 $c_R < c$인 동안 **do**

5:      값 δ와 상품을 교환

6:      $c_R = c_R + \delta$

7:      $c_S = c_S - \delta$

8:      t_f를 출력값 $[c_R \rightarrow R, c_S \rightarrow S]$로 갱신한다.

9:      S는 t_f를 서명하여 R에게 보낸다.

10: **end while**

11: R는 마지막 t_f를 서명하여 브로드캐스트한다.

부연 설명

- 알고리즘 8.27은 간단한 마이크로페이먼트 채널을 구현하며, 이는 지불자에서 수령자로의 마이크로페이먼트를 신속하게 조정하기 위해 사용되는 스마트 컨트랙트이다. 단지 두 개의 트랜잭션, 셋업 트랜잭션 t_s와 마지막 정산 트랜잭션 t_f만 브로드캐스트되며 블록체인에 들어간다. 공유된 출력값을 수령자에게 많이 전송할 때는 정산 트랜잭션에 여러 번의 업데이트가 있을 수 있다.

- 채널에 자금을 대기 위해 사용되는 비트코인 c의 개수는 간단한 마이크로페이먼트 채널에서 전송될 수 있는 최대 총합이다.

- 수령자 R는 언제든 해당 비트코인을 수령하는 것을 궁극적으로 보장받는다. 이는 수령자가 전체 서명된 정산 트랜잭션을 가지고 있는 반면, 지불자는 일부 서명된 것만 가지고 있기 때문이다.

- 간단한 마이크로페이먼트 채널은 본질적으로 단방향 속성을 갖는다. 수령자는 프로토콜 내 정산 트랜잭션 중 어떤 것도 선택할 수 있으므로, 본인에게 가장 큰 지불금을 주는 트랜잭션을 사용할 것이다. 비트코인을 반환받기 위해서 수령자에게 지불되는 금액을 줄이려 시도할 수 있으나 이 경우 수령자는 해당 트랜잭션을 브로드캐스트하지 않는 것을 선택할 것이다.

8.4 약한 일관성

궁극적 일관성은 약한 일관성의 한 가지 형태일 뿐이다. 분할 내성과 일관성 가운데 서로 다른 트레이드오프가 있는데, 이를 여러 논문에서 다룬다.

정의 8.28 (**단조 읽기 일관성**monotonic read consistency) 노드 u가 한 객체의 특정 값을 확인했다면, u에 대한 이후 접근은 그 이전의 값은 반환하지 않는다.

부연 설명

• 온라인 소셜 네트워크의 댓글에 대한 알림을 받고 나서 웹 인터페이스에 접속했을 때 동일한 알림을 다시 보여주지 않아 답장을 할 수 없으면 짜증이 난다. 이 경우 알림은 첫 번째 읽기 행위이며 웹 인터페이스에서 댓글을 찾는 것은 두 번째 읽기 행위이다.

정의 8.29 (**단조 쓰기 일관성**monotonic write consistency) 하나의 데이터 항목에 대해 노드의 쓰기 행위는 동일한 노드에서 행해지는 이후 모든 쓰기 행위 이전에 완료된다(즉, 시스템은 동일한 노드에서 쓰기의 순서를 보장한다).

부연 설명

• ATM은 모든 동작을 순서대로 재현해야 한다. 그렇지 않으면 이전의 동작이 나중의 동작 결과를 덮어 쓰고 일관적이지 않은 최종 상태가 될 수 있기 때문이다.

정의 8.30 (**read-your-write 일관성**read-your-write consistency) 노드 u가 데이터 항목을 갱신한 후에는 해당 노드 u로부터 그 이전 값을 읽을 수 없다.

정의 8.31 (**인과관계**casual relation) 다음 동작의 쌍은 인과관계가 있다고 부른다.

• 동일한 노드가 행한 다른 변수들에 대한 두 번의 쓰기

• 동일한 노드에 대한 읽기 이후 쓰기

• 임의의 노드로부터 쓰기의 값을 반환하는 읽기

• 위 조건들에 따라 이행되는 두 동작

부연 설명

• 첫 번째 규칙은 단일 노드의 쓰기가 동일한 순서로 일어난다는 것을 보장한다. 예를 들어 한 노드가 한 변수에 값을 쓰고, 해당 값을 썼다고 신호를 보내기 위해 다른 변수에 썼다고 하자. 두 쓰기 행위가 인과관계가 없다면, 다른 노드는

신호를 보내는 변수의 값을 읽을 수 있으나 첫 번째 변수로부터 예전 값을 읽을 수도 있게 된다.

정의 8.32 (**인과 일관성**causal consistency)　잠재적으로 인과관계에 있는 동작들이 시스템의 모든 노드에서 동일한 순서로 나타난다면 시스템은 인과 일관성을 제공하는 것이다. 동시적인 쓰기 행위는 인과관계에 있지 않으며 다른 노드에서 다른 순서로 나타날 수 있다.

챕터 노트

CAP 정리는 에릭 브루어의 강연으로 널리 알려졌지만[Bre00] 처음 소개된 것은 [FB99]에서였다. 후에 [GL02]에서 비동기 모델에 대한 이론도 증명되었다. 또한 이 연구는 부분적 동기partially synchronous 시스템에서 가용성과 분할 내성을 확보하기 위해 일관성에 대한 요건을 완화하는 방법도 보여줬다.

비트코인은 2008년 사토시 나카모토의 [Nak08]에서 소개되었다. 나카모토는 한 사람 또는 그룹의 필명으로 여겨진다. 누가 비트코인을 발명했는지는 아직도 알려지지 않았으며 추측과 음모론을 불러일으켰다. 그럴듯한 가설들을 암호학자 닉 서보Nick Szabo[Big13]와 할 피니Hal Finney[Gre14]가 다뤘다. 첫 번째 비트코인 클라이언트는 논문 발표 후 얼마 되지 않아 공개되었으며 첫 번째 블록은 2009년 1월 3일 채굴되었다. 제너시스 블록은 당일 자 『타임』 헤드라인("장관이 은행을 위한 두 번째 긴급 구제를 하기 직전")을 담고 있었다. 이는 제너시스 블록이 해당 날짜에 확실히 채굴되었으며 이 날짜 이전에는 아무도 채굴하지 않았음에 대한 증명으로 사용된다. 제너시스 블록에 담긴 글은 사상적인 암시로도 여겨진다. 금융 분야에 만연한 조작에 의해 유발된 금융 위기 풍조 속에서 비트코인이 탄생했다는 것이다. 비트코인은 무정부주의자와 자유주의자 사이에서 빠르게 인지도가 상승했다. 원래의 클라이언트는 현재 독립적인 코어 개발자들의 그룹이 관리하고 있으며 비트코인 네트워크에서 여전히 가장 많이 사용되는 클라이언트다.

비트코인의 핵심에는 이중 지불로 인한 충돌의 해결책이 존재하는데, 이는 트랜잭션이 블록체인에 포함되기까지 기다리는 것으로 해결된다. 하지만 이는 지불의 확정에 큰 지연 시간을 초래하며 즉시 확정이 필요한 시나리오에서는 달갑지 않다. [KAC12]는 확정되지 않은 트랜잭션을 승인하는 것이 이중 지불 공격의 결과로 사취당하는 확률을 무시할 수 없을 정도로 만든다는 것을 보였다. 이는 **정보 가리기**[information eclipsing][DW13]로 인해 가능한데, 이는 노드들이 충돌하는 트랜잭션들을 전달하지 않으므로 희생자는 두 이중 지불 트랜잭션을 모두 볼 수 없다는 것이다. [BDE⁺13]은 다수의 샘플 노드에 연결하고 네트워크 내에서 트랜잭션의 전파를 추적하면 실시간으로 이중 지불 공격을 감지할 확률을 높일 수 있음을 보였다.

비트코인은 블록체인 내 확정에 대한 의존 때문에 확장하기가 쉽지 않다. 노드가 네트워크에 참여하려면 전체 트랜잭션 기록의 사본을 모든 노드에 저장해야 하며 제너시스 블록부터 트랜잭션 기록을 재구성해야만 한다. 간단한 마이크로페이먼트 채널은 [HS12]에 의해 소개되었는데, 두 참여자 간의 여러 전송을 묶는 데 사용될 수는 있으나 이는 채널에 묶인 자금을 전송하는 데에만 한정된다. 최근에는 자금이 원하는 횟수만큼 왔다갔다 할 수 있는 양방향 마이크로페이먼트 채널을 생성하기 위해 듀플렉스[duplex] 마이크로페이먼트 채널[DW15]과 라이트닝 네트워크[PD15]가 제안되었다. 이는 비트코인 전송의 유연성을 크게 증가시키며 마이크로페이먼트는 물론 임의의 두 엔드포인트 간 지불의 경로를 찾는 등의 여러 기능을 가능하게 한다.

참고 문헌

[BDE⁺13] Tobias Bamert, Christian Decker, Lennart Elsen, Samuel Welten, and Roger Wattenhofer. Have a snack, pay with bitcoin. In *IEEE Internation Conference on Peer-to-Peer Computing (P2P), Trento, Italy*, 2013.

[Big13]   John Biggs. Who is the real satoshi nakamoto? one researcher may have found the answer. *http://on.tcrn.ch/ l/R0vA*, 2013.

[Bre00]   Eric A. Brewer. Towards robust distributed systems. In *Symposium on Principles of Distributed Computing (PODC)*. ACM, 2000.

[DW13]   Christian Decker and Roger Wattenhofer. Information propagation in the bitcoin network. In *IEEE International Conference on Peer-to-Peer Computing (P2P)*, Trento, Italy, September 2013.

[DW15]   Christian Decker and Roger Wattenhofer. A Fast and Scalable Payment Network with Bitcoin Duplex Micropayment Channels. In *Symposium on Stabilization, Safety, and Security of Distributed Systems (SSS)*, 2015.

[FB99]   Armando Fox and Eric Brewer. Harvest, yield, and scalable tolerant systems. In *Hot Topics in Operating Systems*. IEEE, 1999.

[GL02]   Seth Gilbert and Nancy Lynch. Brewer's conjecture and the feasibility of consistent, available, partition-tolerant web services. *SIGACT News*, 2002.

[Gre14]   Andy Greenberg. Nakamoto's neighbor: My hunt for bitcoin's creator led to a paralyzed crypto genius. *http:// onforb.es/1rvyecq*, 2014.

[HS12]   Mike Hearn and Jeremy Spilman. Contract: Rapidly adjusting micro-payments. *https://en.bitcoin.it/wiki/Contract*, 2012. Last accessed on November 11, 2015.

[KAC12]   G.O. Karame, E. Androulaki, and S. Capkun. Two Bitcoins at the Price of One? Double-Spending Attacks on Fast

Payments in Bitcoin. In *Conference on Computer and Communication Security (CCS)*, 2012.

[Nak08]   Satoshi Nakamoto. Bitcoin: A peer-to-peer electronic cash system. *https://bitcoin.org/bitcoin.pdf*, 2008.

[PD15]   Joseph Poon and Thaddeus Dryja. The bitcoin lightning network. 2015.

제 9 장

인사이드 비트코인

비트코인은 앞에서 논의한 블록체인 핵심을 넘어서는 다양한 개념들을 가지고 있다. 이번 장에서 비트코인의 다른 흥미로운 특징들을 논의한다.

9.1 암호학 도구

비트코인 프로토콜은 SHA256과 RIPEMD160 등의 암호학 해시 함수, 머클 트리, 타원곡선 디지털 서명 알고리즘Elliptic Curve Digital Signature Algorithm (ECDSA) 정도의 암호학 도구만을 사용한다.

정의 9.1 (암호학 해시 함수cryptographic hash function**)** **암호학 해시 함수**는 임의의 긴 입력 바이트 시퀀스를 고정된 크기의 출력값(일반적으로 다이제스트digest라 불림)과 매핑해 효율적으로 해당 입력값의 지문을 채취fingerprint한다.

부연 설명

- 암호학 해시는 유효한 입력 시퀀스를 재생성하는 것이 연산적으로 불가능하도록 설계된다.

- 이상적인 암호학 해시 함수는 연산 비용이 크지 않으며, 출력 해시는 입력 시퀀스가 수정되면 항상 변화한다.

- 암호학 해시 함수는 비트코인에서 폭넓게 사용된다. 예를 들어 트랜잭션의 **id**는 해당 트랜잭션의 암호학 해시에 대응한다.

- 해시 함수는 머클 트리 등 비트코인에서 사용되는 데이터 구조의 기본 요소이다.

정의 9.2 (머클 트리 Merkle tree**)** **머클 트리**는 해시 트리 안에 다수의 암호학 해시 입력 시퀀스를 조합할 수 있게 한다.

부연 설명

• 머클 트리는 트랜잭션 집합의 간결한 표현을 가능하게 한다. 예를 들어 <u>그림 9.3</u>과 같이 트랜잭션 해시들로부터 트리를 만들 수 있다.

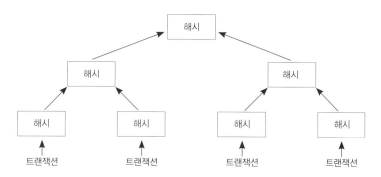

그림 9.3　트랜잭션의 머클 트리. 최상위의 해시는 머클 루트라고 한다. 머클 루트는 연관된 트랜잭션들의 간결한 표현이다.

9.2 스크립트와 메시지 형식

정의 9.4 (**스크립트**^{Script})　비트코인은 단순히 '**스크립트**'라 불리는 스택 기반의 자체 스크립팅 언어로 다양한 형태의 트랜잭션을 가능하게 한다.

부연 설명

• 스크립트의 유연성으로 인해 간단한 자금 전송을 넘어서는 트랜잭션의 기능으로 확장이 가능하다.

• 스크립트는 스택 기반이고, 다양한 함수(보통 옵코드^{opcode}라 한다)를 지원하며, true/false로 평가된다. 스크립트는 수십 개의 다른 옵코드를 지원하는데, 간단한 비교 옵코드에서부터 암호학 해시 함수와 전자 서명 검증을 위한 옵코드까지 다양한다.

- 스크립트는 모든 비트코인 검증 노드에서 실행되어야 하므로, 해당 노드의 서비스 거부denial-of-service(DoS) 공격을 방지하기 위해서는 런타임이 중요하다. 그래서 많은 옵코드가 일시적으로 사용 중지되었다. 그 결과 스크립트는 의도적으로 간결하게 유지되었지만 범용 프로그래밍 언어와 동일한 수준의 복잡성은 지원하지 않는다.

- 다음 스크립트 예제는 두 개의 상수(<>로 표시)와 하나의 옵코드(왼쪽에서 오른쪽으로 실행)를 포함한다.

<서명> <공개 키> OP_CHECKSIG

상수는 기본적으로 스택상에 삽입push되며, 실행 시 스택에는 다음을 포함한다.

<서명><공개 키>.

그다음, OP_CHECKSIG는 제공된 <공개 키>로 <서명>을 검증하도록 실행된다. 만약 서명이 제공된 공개 키에 대응된다면, OP_CHECKSIG는 true를 반환하고 그 결과 스크립트는 true를 반환한다.

정의 9.5 (트랜잭션 형식) 정의 8.12에 설명한 것처럼 트랜잭션은 특정 형식을 따라야 한다.

부연 설명
- 표 9.6은 비트코인 트랜잭션의 일반적인 형식을 요약한 것이다.

- 표 9.7과 표 9.8은 각각 트랜잭션 입력값과 출력값의 형식을 설명한다.

필드	설명	크기
버전 번호	버전(현재는 1)	4바이트
입력 개수	양수	1~9바이트
입력 리스트	표 9.7 참고	가변적
출력 개수	양수	1~9바이트
출력 리스트	표 9.8 참고	가변적
락타임	트랜잭션이 유효한 블록 높이 또는 시간	4바이트

표 9.6 비트코인 블록 내의 트랜잭션 형식

필드	설명	크기
이전 트랜잭션 해시	의존적	32바이트
이전 트랜잭션 출력 인덱스	의존적 인덱스	4바이트
스트립트 길이		1~9바이트
스크립트시그scriptSig	입력 스크립트	가변적
시퀀스 번호	일반적으로 0xFFFFFFFF	4바이트

표 9.7 비트코인 블록 내의 트랜잭션 입력 형식

필드	설명	크기
값	전송할 사토시 단위의 양수	4바이트
스크립트 길이		1~9바이트
스크립트시그	출력 스크립트	가변적

표 9.8 비트코인 블록 내의 트랜잭션 출력 형식

정의 9.9 (표준 트랜잭션 타입standard transaction type**)**　비트코인은 기본적으로 다수의 **표준 트랜잭션 타입**을 지원한다.

부연 설명

- 표준 트랜잭션 타입만이 네트워크 내에서 브로드캐스트되고 검증된다. 표준 트랜잭션 타입과 일치하지 않는 트랜잭션은 일반적으로 폐기된다.

- 트랜잭션이 다수의 출력값을 가질 수 있기 때문에, 다른 출력 형식이 하나의 트랜잭션 내에 조합될 수 있다.

- 표준 트랜잭션 형식에는 다음과 같은 것들이 있다.

- 공개 키 해시 기반 지불^{pay to public key hash} (P2PKH): P2PKH 트랜잭션 출력값은 다음의 옵코드를 포함한다.

```
OP_DUP OP_HASH160 <PubkeyHash> OP_EQUALVERIFY OP_CHECKSIG
```

해당 출력값을 지불하는 권한이 있는 입력값은 요구된 서명과 전체 공개 키를 특정해야 한다.

```
<Sig> <PubKey>
```

- 스크립트 해시 기반 지불^{pay to script hash} (P2SH): P2SH 트랜잭션 출력값은 해시 함수의 결과로 상응하는 출력값의 해시를 산출하는 스크립트를 제공하는 입력값에 의해서만 청산^{redeem}이 가능하다. 예를 들어 P2SH 출력값은 다음과 같은 트랜잭션 출력값을 포함한다.

```
OP_HASH160 <Hash160(redeemScript)> OP_EQUALVERIFY
```

따라서 청산하는 입력값은 **청산 스크립트**^{redeemScript}를 제공해야 하는데, 이는 해시 함수의 결과로 입력값의 해시를 산출하는 스크립트이다. 모든 표준 스크립트는 이러한 목적으로 사용될 수 있다.

```
<Sig><redeemScript>
```

P2SH는 청산 조건 제공에 대한 책임을 송신자에서 자금의 청산자에게 전가하는 트랜잭션을 생성할 수 있게 한다. 그 결과 청산 스크립트가 복잡하여 바이트 크기가 크다고 해도 송신자는 그에 대해 트랜잭션 수수료 추가분을 지불하지 않는다. 실제로는 다수-서명(멀티시그) 트랜잭션에서 P2SH 출력값은 아주 많이 사용되지만, 다수 서명은 P2SH뿐만 아니라 m-of-n 출력 스크립트로도 가능하다.

• 멀티시그: 다수-서명(흔히 멀티시그라고 한다) 트랜잭션은 청산을 위해 다수의 서명을 요구한다(정의 8.25 참고). 멀티시그 트랜잭션 출력값은 보통 m-of-n으로 표시된다. 여기서 m은 해당 트랜잭션 출력값이 청산 가능하기 위해 요구되는 서명의 최소 개수이며, 이는 트랜잭션 출력값에 정의된 공개 키와 상응하는 n개의 가능한 서명 중에서 선택된다. 트랜잭션 출력값의 예는 다음과 같다.

```
<m> <A pubkey> [B pubkey] [C pubkey..] <n> OP_CHECKMULTISIG
```

청산 입력값은 다음 구조를 따른다.

```
OP_0 <A signature> [B signature] [C signature..]
```

정의 9.10 (**스크립트 실행**script execution) 새로운 트랜잭션을 검증하려면 입력값(서명 스크립트)과 이전 트랜잭션의 출력값(공개 키 스크립트)을 이어 붙인다. 그다음 스크립트 언어에 따라 해당 스크립트를 실행한다. <..>로 표시되는 상수는 스택에 들어가며, 옵코드는 최상위 스택 값을 참고해 해당 동작을 실행한다.

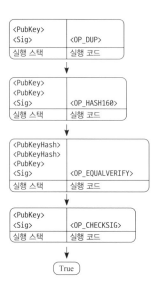

그림 9.11 트랜잭션 2라는 P2PKH 트랜잭션용 스크립트 실행 순서. 먼저 출력 값과 입력 스크립트를 이어 붙인다(서명 스크립트를 앞에, 공개 키 스크립트를 뒤에). 첫 번째 단계로, 두 상수 `<PubKey><Sig>`를 스택에 넣는다. 그리고 `OP_DUP`로 최상위 스택 값, 이 단계에서는 `<PubKey>`를 복제한다. 다음 옵코드인 `OP_HASH160`은 `<PubKey>`의 해시값을 계산하고 스택에 `<PubKeyHash>`로 저장한다. 상수 `<PubKeyHash>`가 스택에 들어오면 `OP_EQUALVERIFY`는 두 개의 최상위 스택 원소가 동일한지 검증한다. 동일하다면 스택에서 제거되며 마지막 옵코드인 `OP_CHECKSIG`는 스택상의 공개 키(`<PubKey>`)가 서명(`<Sig>`)과 일치하는지 검증한다. 서명이 유효하다면, 스크립트는 true를 반환하며 이는 트랜잭션 2의 입력값이 트랜잭션 1의 출력값을 지불하게 허용되었음을 의미한다.

부연 설명

• 그림 9.11에서 트랜잭션의 검증을 시각화했다.

정의 9.12 (**블록 형식**^{block format}) 정의 8.17에서 소개한 블록은 특정 형식을 따라야 한다.

부연 설명

• 각 블록 헤더는 표 9.13에 열거된 필드로 이루어진 특정한 집합을 가진다.

• 블록 자체는 실제 트랜잭션들을 포함한다.

필드	설명	크기
버전	블록 버전 번호	4바이트
이전 블록의 해시값	이전 블록 헤더의 해시값	32바이트
머클 루트 해시	트랜잭션 머클 루트의 해시값	32바이트
시간	유닉스 타임스탬프	4바이트
비트	난이도(알고리즘 8.18)	4바이트
논스	PoW(알고리즘 8.18)	4바이트

표 9.13 비트코인 블록 헤더의 형식

9.3 참가자

비트코인 생태계는 이용 가능한 자원에 따라 각기 다른 참가자^{player}에게 다른 서비스를 제공해야 할 필요성에 따라 발생했다. 이번 절에서는 다양한 참가자(혹은 노드 타입)에 대해 그리고 그들이 어떻게 상호작용하는지에 대해 설명한다.

정의 9.14 (**채굴자**^{miner}) **채굴자**는 비트코인 네트워크에서 블록을 찾고 브로드캐스트하기 위해 PoW(정의 8.15)를 수행한다.

부연 설명

• 채굴자는 가장 최신의 블록에 대한 정보를 신속하게 검색하며, 새로운 블록에 포함된 트랜잭션들을 검증하고, 가능한 많은 해시 작업을 하기 위해서 특화된 채굴 하드웨어를 작동시킨다. 그리고 찾은 블록들을 전체 네트워크로 효율적으로 전파한다.

• 정의 8.19에서 다룬 것처럼, 모든 블록은 금전적인 보상을 제공한다.

• 블록이 평균 매 10분마다 생성되기 때문에 채굴자가 지불을 받을 때까지 긴 시간이 걸릴 수도 있다. 그래서 채굴자들은 일반적으로 채굴자의 그룹을 형성하며 이를 보통 채굴자 풀mining pool이라 일컫는다. 전체적으로 높은 해시 파워를 지니고 있으므로, 채굴자 풀은 높은 확률로 블록을 찾을 수 있고, 채굴자 풀의 구성원들은 독립적인 채굴자들보다 더 주기적으로 지불을 받을 수 있다.

정의 9.15 (풀 노드full node) 풀 노드는 (1) 블록체인의 완전한 복사본을 유지하고 (2) 새로 들어오는 트랜잭션과 블록을 검증하며 (3) 트랜잭션들과 블록들을 자신의 피어peer 노드들에 전달한다.

부연 설명

• 비트코인 네트워크에 검증 서비스를 제공하는 것과 동시에, 풀 노드는 열린 TCP 포트를 제공하여(비트코인은 TCP 포트 8333을 사용한다) 다른 비트코인 노드들이 연결할 수 있게 하기도 한다.

정의 9.16 (경량 클라이언트lightweight client) 경량 클라이언트는 전체 비트코인 블록체인을 유지하지는 않으며, 간단한 지불 증명Simple Payment Verification (SPV) 스킴을 따른다.

• SPV 스킴은 경량 클라이언트가 블록 헤더를 수신하는 것만으로 트랜잭션이 블록체인에 포함되었음을 검증하게 해준다. 이러한 트랜잭션을 신속하게 찾기 위해서 클라이언트는 **블룸 필터**Bloom filter를 종종 사용한다.

- 경량 클라이언트는 자신의 동작과 관련 없는 트랜잭션은 수신하지 않으며 트랜잭션이나 블록에 대한 검증을 수행할 필요가 없다. 따라서 동작하는 데에 풀 노드나 채굴자보다 훨씬 적은 리소스를 필요로 한다.

정의 9.17 (**웹 지갑**^{web wallet}) **웹 지갑**은 온라인 지갑으로 원격 서버에서 관리되며 웹사이트를 통해서 접근 가능하다.

부연 설명

- 풀 노드 설치에는 현재 블록체인을 다운로드하고 인덱스를 만드는 데에 상당량의 디스크 용량과 수 시간이 필요하다. 그러므로 사용자는 웹 지갑이라 불리는 주요 비트코인 기능들을 지원하는 중앙화된 서비스에 의존하여 시작한다.

- 웹 지갑은 즉시 동작 가능하고, 하드 디스크 용량을 차지하지 않으며, 어디서든 접근 가능하다. 결과적으로 로컬 비트코인 클라이언트보다 훨씬 간편하다.

- 하지만 악의적인 웹 지갑 운영자는 사용자들의 자금에 접근할 수 있으므로 (1) 비트코인을 훔치거나 훔친 비트코인을 전달하고 (2) 실제로 사용되지 않은 자금으로 트레이드하며 (3) 사용자 정보를 분석할 수도 있다.

챕터 노트

비트코인이 주로 탈중앙화된 암호화폐를 제공하는 능력에 집중하는 반면, 이더리움[But14] 같은 다른 PoW 블록체인은 튜링−완전 프로그래밍 언어로 서술된 스마트 컨트랙트를 블록체인상에서 실행할 수 있게 한다. 암호화폐에 대한 포괄적인 개요는 [BMC⁺15] 를 참조한다.

[Ros14] 등 다수의 논문에서 비트코인의 이중 지불 공격을 분석했다. [BDE⁺13] 에서는 이중 지불 공격을 감지하는 대책들을 나열했다. [KAC12]에서는 비트코인에서의 빠른 결제(블록체인상에서 확정되지 않은 결제)의 이중 지불 공격을 연구했으며, 비트코인 개발자들이 추천한 조치 방안에도 불구하고 빠른 결제에서

이중 지불이 수행될 수 있음을 보였다. [BBSU12]는 보안 위협에 대해 비트코인의 회복력을 강화하는 잠재적인 방안을 분석했다.

[CDE+16]은 비트코인의 확장성 한계를 논의했으나 시스템의 보안 면에서 더 작은 블록 시간 간격과 더 큰 블록 크기가 갖는 의미를 정량화하지는 않았다. 여러 연구[GKL15, CDE+16]가 동기 네트워크 모델에서의 비트코인 프로토콜의 보안을 분석했다.

보안과 연계된 대부분의 연구는 노드들이 비트코인 네트워크에 전파된 정보를 직접 수신하는 것을 가정한다. [DW13]은 비트코인 네트워크의 부분집합에 연결해서 블록의 전파 지연을 측정했다. [MLP+15]는 가령 트랜잭션의 2분 요청 지연을 악용해서 비트코인의 토폴로지를 파악하려 시도했다.

열린 탈중앙화 PoW 블록체인의 보안은 대부분의 참여 노드가 모든 트랜잭션과 블록 정보를 거의 동시에 수신한다는 가정, 즉 엄격한 동기화tight synchronization에 기반한다. 이클립스 공격eclipse attack은 네트워크를 2개 이상의 클러스터로 분할하여 동기화가 더 이상 불가능하도록 하는 것을 목표로 한다. [HKZG15]는 비트코인에서의 이클립스 공격을 최초로 보여준 연구다. 저자들은 시스템 내 노드들의 연결을 독점함으로써 공격자가 이기적 채굴selfish mining을 수행하고 비트코인의 합의 프로토콜을 남용할 수 있다는 것을 보였다.

다수의 문헌이 PoW 블록체인의 프라이버시 측면을 집중적으로 다뤘다. 비록 노드는 필명(주소) 간에 자금을 전송하지만, 결제는 연결 가능하고 결제의 근원은 언제나 추적 가능하다. 결제 트랜잭션의 금액과 시간 또한 공개되고 블록체인에 영구적으로 저장된다.

[MGGR13]에서는 코인 지출의 추적을 방지하기 위해 비트코인 프로토콜을 강화한 암호화 확장인 제로코인Zerocoin을 소개했다. [AK14]에서는 시스템 내에서 트랜잭션 값과 주소의 잔고를 숨길 수 있는 제로코인의 확장을 제안했다. [Eli11]은 비트코인에서 프라이버시의 법적 측면을 조사했다. [RH11]의 비트코인 로그의 작은 부분에서 비트코인 트랜잭션의 흐름을 분석했다. [AKC13]은 비트코인의

사용자 프라이버시를 평가하고 비트코인이 사용자 프로필에 대한 중요한 정보를 누출하는 것을 보였다. 더 구체적으로는, 사용자들이 전형적인 설정에서 프라이버시 정책을 적용했을 때에도, 사용자 프로필의 약 40%를 밝혀낼 수 있음을 보였다. [RS13]에서는 비트코인 사용자들의 행동을 분석했다. [OKH13]은 트랜잭션 그래프를 분석하여 비트코인의 시간적 진화 속성을 연구했다. [DW14]는 트랜잭션의 가변성^{malleability}과 마운트곡스 사건을 조사했다. [MPJ+16]에서는 [KAR$^+$15, AKC13]에서 차용한 휴리스틱 I과 II를 활용하여 비트코인 시스템 내에서 비트코인을 다수 보유한 참가자들을 식별했다. 저자들은 마운트곡스 같은 큰 벤더들과 트랜잭션을 수행하고 휴리스틱을 사용해 이들 벤더의 주소 클러스터를 식별했다. [KKM14]에서는 네트워크 주소 정보(IP)를 활용하여 동일 사용자의 주소 연계 가능성을 조사했다.

알려진 바로는 [Mul83]이 블룸 필터의 위양성률$^{false\ positive\ rate}$의 추정값을 제안한 첫 번째 연구다. [CRJ10]에서는 위양성률을 계산하는 새로운 기법을 제안했고 [Mul83]에 비해 더 타이트한 추정값을 내놓았다.

[BBL12]는 블룸 필터의 프라이버시 속성을 정량화했지만, 공격자가 동일한 개체^{entity}에서 발생한 다수의 블룸 필터에 대한 접근을 가질 때의 프라이버시 규정^{provision}은 언급하지 않았다. [NK09]에서는 블라인드 서명$^{blind\ signature}$에 기반하고 암호학적으로 안전한 프라이버시를 보호하는 블룸 필터링 프로토콜을 제안했다. 하지만 이 제안은 SPV 노드에 추가적인 연산 부하를 일으킨다. [Ker12] 등에서 연구한바 개인 정보 검색$^{private\ information\ retrieval}$(PIR) 또한 블룸 필터의 대안으로 사용될 수 있다. 하지만 PIR 스킴은 노드에 무시할 수 없는 연산 오버헤드를 가져온다. 예를 들어 블룸 필터는 문서 검색의 프라이버시를 강화하거나[BC07], 프라이버시 보호의 기록 연결을 설계하거나[SBR09], 호기심 많은 관리자로부터 데이터베이스 테이블의 스킴을 애매모호하게 만드는 데[WA09] 사용된다.

[BDOZ11]은 비트코인 사용자들이 블록에 최근 발행된 트랜잭션들을 포함할 인센티브가 부족하다고 지적한다. 이에 더하여 [Sye11]은 비트코인 지갑을 관리하는 사용자 친화적인 기술을 제안한다. [MC13]은 비트코인 거래소로 인해 투자자

들이 직면한 경제적 위험을 연구했다. [CE12]는 검증 가능한 커밋^{verifiable commitment} 스킴을 구축하는 데에 비트코인 PoW의 사용을 제안했다.

비트코인 프로토콜은 SHA256[NIS13], RIPEMD160[DBP96], 머클 트리[Mer 82], 타원곡선 디지털 서명 알고리즘[Kob87] 등의 암호화 개념을 사용한다.

이번 장은 아서 제르베의 텍스트에 기반한다.

참고 문헌

[AK14]   Elli Androulaki and Ghassan Karame. Hiding transaction amounts and balances in bitcoin. In *Proceedings of International Conference on Trust & Trustworthy Computing (TRUST)*, 2014.

[AKC13]   Elli Androulaki, Ghassan Karame, and Srdjan Capkun. Evaluating user privacy in bitcoin. In *Financial Cryptography*, 2013.

[BBL12]   Giuseppe Bianchi, Lorenzo Bracciale, and Pierpaolo Loreti. Better than nothing privacy with bloom filters: To what extent? In *Privacy in Statistical Databases*, pages 348–363. Springer, 2012.

[BBSU12]   S. Barber, X. Boyen, E. Shi, and E. Uzun. Bitter to Better - How to Make Bitcoin a Better Currency. In *Proceedings of Financial Cryptography and Data Security*, 2012.

[BC07]   Steven Michael Bellovin and William R Cheswick. Privacy-enhanced searches using encrypted bloom filters. 2007.

[BDE+13]   Tobias Bamert, Christian Decker, Lennart Elsen, Samuel Welten, and Roger Wattenhofer. Have a snack, pay with bitcoin. In *IEEE Internation Conference on Peer-to-Peer*

Computing (P2P), Trento, Italy, 2013.

[BDOZ11]   M. Babaioff, S. Dobzinski, S. Oren, and A. Zohar. On Bitcoin and Red Balloons. 2011.

[BMC+15]   Joseph Bonneau, Andrew Miller, Jeremy Clark, Arvind Narayanan, Joshua A. Kroll, and Edward W. Felten. SoK: Research Perspectives and Challenges for Bitcoin and Cryptocurrencies. In *2015 IEEE Symposium on Security and Privacy,* May 2015.

[But14]   V. Buterin. A next-generation smart contract and decentralized application platform, 2014.

[CDE+16]   Kyle Croman, Christian Decker, Ittay Eyal, Adem Efe Gencer, Ari Juels, Ahmed E. Kosba, Andrew Miller, Prateek Saxena, Elaine Shi, Emin Gün Sirer, Dawn Song, and Roger Wattenhofer. On scaling decentralized blockchains. In *Financial Cryptography and Data Security,* 2016.

[CE12]   J. Clark and A. Essex. (Short Paper) CommitCoin: Carbon Dating Commitments with Bitcoin. In *Proceedings of Financial Cryptography and Data Security,* 2012.

[CRJ10]   Ken Christensen, Allen Roginsky, and Miguel Jimeno. A new analysis of the false positive rate of a bloom filter. *Information Processing Letters,* 110(21):944–949, 2010.

[DBP96]   Hans Dobbertin, Antoon Bosselaers, and Bart Preneel. RIPEMD-160: A strengthened version of RIPEMD. In *Fast Software Encryption, Third International Workshop, Cambridge, UK, February 21-23, 1996, Proceedings,* pages 71–82, 1996.

[DW13]   Christian Decker and Roger Wattenhofer. Information propagation in the bitcoin network. In *IEEE International*

Conference on Peer-to-Peer Computing (P2P), Trento, Italy, September 2013.

[DW14] Christian Decker and Roger Wattenhofer. Bitcoin transaction malleability and mtgox. In *Computer Security - ESORICS 2014 - 19th European Symposium on Research in Computer Security, Wroclaw, Poland, September 7-11, 2014. Proceedings, Part II*, pages 313–326, 2014.

[Eli11] Bitcoin: Tempering the Digital Ring of Gyges or Implausible Pecuniary Privacy, 2011. Available from *http://ssrn.com/abstract=1937769* or doi: 10.2139/ssrn.1937769.

[GKL15] Juan Garay, Aggelos Kiayias, and Nikos Leonardos. The bitcoin backbone protocol: Analysis and applications. In *Annual International Conference on the Theory and Applications of Cryptographic Techniques*, pages 281–310. Springer, 2015.

[HKZG15] E. Heilman, A. Kendler, A. Zohar, and S. Goldberg. Eclipse attacks on bitcoin's peer-to-peer network. 2015.

[KAC12] G.O. Karame, E. Androulaki, and S. Capkun. Two Bitcoins at the Price of One? Double-Spending Attacks on Fast Payments in Bitcoin. In *Conference on Computer and Communication Security (CCS)*, 2012.

[KAR+15] Ghassan O Karame, Elli Androulaki, Marc Roeschlin, Arthur Gervais, and Srdjan Čapkun. Misbehavior in bitcoin: a study of double-spending and accountability. *ACM Transactions on Information and System Security (TISSEC)*, 18(1):2, 2015.

[Ker12] Florian Kerschbaum. Outsourced private set intersection using homomorphic encryption. In *Proceedings of the*

7th ACM Symposium on Information, Computer and Communications Security, pages 85–86. ACM, 2012.

[KKM14] Philip Koshy, Diana Koshy, and Patrick McDaniel. An analysis of anonymity in bitcoin using p2p network traffic. In *Proceedings of Financial Crypto 2014*, 2014. `http://fc14.ifca.ai/papers/fc14_submission_71.pdf`.

[Kob87] Neal Koblitz. Elliptic curve cryptosystems. *Mathematics of computation*, 48(177):203–209, 1987.

[MC13] Tyler Moore and Nicolas Christin. Beware the middleman: Empirical analysis of bitcoin-exchange risk. In *Financial Cryptography and Data Security*, pages 25– 33, 2013.

[Mer82] R.C. Merkle. Method of providing digital signatures, January 5 1982. US Patent 4,309,569.

[MGGR13] Ian Miers, Christina Garman, Matthew Green, and Aviel D Rubin. Zerocoin: Anonymous distributed e-cash from bitcoin. In Security and Privacy (SP), 2013 *IEEE Symposium on*, pages 397–411. IEEE, 2013.

[MLP⁺15] Andrew Miller, James Litton, Andrew Pachulski, Neal Gupta, Dave Levin, Neil Spring, and Bobby Bhattacharjee. Discovering bitcoin's public topology and influential nodes, 2015.

[MPJ⁺16] Sarah Meiklejohn, Marjori Pomarole, Grant Jordan, Kirill Levchenko, Damon McCoy, Geoffrey M. Voelker, and Stefan Savage. A fistful of bitcoins: characterizing payments among men with no names. *Commun. ACM*, 59(4):86–93, 2016.

[Mul83] James K Mullin. A second look at bloom filters. *Communications of the ACM*, 26(8):570–571, 1983.

[NIS13]   NIST. Sha 256, 2013. Available from: `https://web.archive.`
`org/web/20130526224224/http://csrc.nist.gov/groups/STM/`
`cavp/documents/shs/sha256-384-512.pdf`.

[NK09]   Ryo Nojima and Youki Kadobayashi. Cryptographically secure bloom-filters. *Transactions on Data Privacy*, 2(2):131–139, 2009.

[OKH13]   Micha Ober, Stefan Katzenbeisser, and Kay Hamacher. Structure and anonymity of the bitcoin transaction graph. *Future Internet*, 5(2):237–250, 2013.

[RH11]   F. Reid and M. Harrigan. An Analysis of Anonymity in the Bitcoin System. 2011.

[Ros14]   Meni Rosenfeld. Analysis of hashrate-based double spending. *arXiv preprint arXiv:1402.2009*, 2014.

[RS13]   Dorit Ron and Adi Shamir. Quantitative analysis of the full bitcoin transaction graph. In *Financial Cryptography and Data Security*, pages 6–24, 2013. `http://eprint.iacr.`
`org/2012/584.pdf`.

[SBR09]   Rainer Schnell, Tobias Bachteler, and Jörg Reiher. Privacy-preserving record linkage using bloom filters. *BMC Medical Informatics and Decision Making*, 9(1):41, 2009.

[Sye11]   Bitcoin Gateway, A Peer-to-peer Bitcoin Vault and Payment Network, 2011. Available from `http://arimaa.com/bitcoin/`.

[WA09]   Chiemi Watanabe and Yuko Arai. Privacy-preserving queries for a das model using encrypted bloom filter. In *Database systems for advanced applications*, pages 491–495. Springer, 2009.

제 10장

분산 스토리지

크기가 약 1GB인 영화 백만 개를 각 1TB 디스크를 가진 백만 개의 노드에 어떻게 저장할 것인가? 간단하게는 노드들에 영화를 임의적으로 저장하고(전역 인덱스와 함께) 어떤 영화가 어느 노드에 저장되었는지 기억하는 것이다. 만약 영화 또는 노드의 집합은 시간이 지남에 따라 변하지만 전역 인덱스는 자주 바뀌지 않길 원한다면 어떻게 할 것인가?

10.1 일관된 해싱

여러 변형된 해싱 방법이 있는데, 일례로 일관된 해싱이 이 같은 작업을 처리할 수 있다.

알고리즘 10.1　일관된 해싱

1: 각 영화 x의 유일한 파일명을 알려진 해시 함수의 집합 $h_i(x) \to [0, 1)$로 해시한다 ($i = 1, \cdots, k$).

2: 각 노드 고유의 이름(예로 IP 주소와 포트 번호)을 동일한 해시 함수의 집합 h_i로 해시한다.

3: 모든 i에 대해 $h_i(x) \approx h_i(u)$라면 노드 u에 영화 x의 복제복을 저장한다. 수식으로 쓰면, 모든 i에 대해 다음을 충족한다면 노드 u에 영화 x를 저장한다.

$$|h_i(x) - h_i(u)| = \min_v \{|h_i(x) - h_i(v)|\}$$

정리 10.2 (**일관된 해싱**consistent hashing) k가 해시 함수의 개수, m이 영화의 개수, n이 노드의 개수일 때, 알고리즘 10.1에서 각 노드가 저장할 영화 개수의 기댓값은 km/n개다.

증명 (m개 중에서) 한 특정 영화와 (k개 중에서) 한 특정 해시 함수에 대해, n개의 모든 노드는 해당 영화의 해시에 가장 가까운 해시값을 가질 확률이 $1/n$으로 모두 동일하다. 기댓값의 선형성에 의해, 한 노드에서 영화의 복사본의 수를 센다면, 각 노드가 저장할 영화 개수의 기댓값은 km/n이다.

부연 설명

- 대략적인 계산을 해보자. m = 1M개의 영화, n = 1M개의 노드, 각 노드는 1TB의 저장 공간을 가지므로 1TB/1GB = 1K개의 영화를 저장할 수 있고, k = 1K개의 해시 함수를 가진다. 정리 10.2는 각 노드가 약 1K개의 영화를 저장할 수 있음을 보여준다.

- 다음과 같이 체르노프 바운드에 $\mu = km/n$ = 1K를 사용하면, 한 노드가 기댓값보다 10% 이상의 메모리를 사용할 확률은 1%보다 적다.

사실 10.3 체르노프 바운드의 한 버전은 다음과 같이 기술한다. $x_1, \cdots, x_n$가 서로 독립인 베르누이 분포 확률변수로서 $Pr[x_i = 1] = p_i$이고 $Pr[x_i = 0] = 1 - p_i = q_i$라면, $X := \sum_{i=1}^{n} x_i$이고 $\mu := \mathrm{E}[X] = \sum_{i=1}^{n} p_i$일 때, 임의의 $0 < \delta < 1$에 대해 다음이 성립한다.

$$Pr[X \geq (1+\delta)\mu] < \left(\frac{e^\delta}{(1+\delta)^{(1+\delta)}} \right)^{\mu}$$

부연 설명

- 알고리즘 10.1과 같이 직접 노드에 영화를 저장하는 대신, 원하는 어떤 노드에든 영화를 저장할 수도 있다. 그러면 알고리즘 10.1의 노드에는 실제 영화가 위치한 곳을 알려주는 순방향 포인터forward pointer를 저장하기만 하면 된다.

- 비신뢰도unreliability를 극대화해보겠다. 노드가 신뢰하기 어려워 평균적으로 1시간만 가용하다면 어떻게 될까? 다시 말해 노드들에서 **이탈**churn이 많아, 지속적으로 분산 시스템에 들어오거나 나가거나 한다.

- 높은 이탈률로 인해, 수백 또는 수천 개의 노드가 매 초 바뀔 것이다. 어떠한 단

일 노드도 현재 시스템의 다른 노드들에 대해 정확히 알아낼 수 없다. 이것은 가용하지 않는 단일 노드조차 작은 재난으로 여겨지는 전통적인 분산 시스템과는 확연하게 다르다. 다른 모든 노드는 시스템에 대해 일관된 뷰를 또다시 가져야만 한다. 높은 이탈률을 가진 시스템에서 항상 일관된 뷰를 가진다는 것은 불가능하다.

- 그 대신, 각 노드는 100개 또는 그 이하의 다른 노드('이웃 노드')의 작은 부분 집합에 대해서만 알게 될 것이다. 이러한 방식으로 노드들은 높은 이탈 상황을 견뎌낼 수 있다.

- 부정적인 측면을 보자면, 노드들은 어떤 노드가 어떤 영화에 대해 책임이 있는지 직접적으로 알지 못한다. 대신, 특정 영화를 찾는 하나의 노드가 이웃 노드에게 물어보고, 이웃 노드는 또 다른 이웃 노드에 물어보는 것을 해당 영화(또는 순방향 포인터)가 저장된 정확한 노드를 찾을 때까지 재귀적으로 반복해야 한다. 이 분산 스토리지 시스템의 노드들은 **중첩 네트워크**overlay network라는 가상의 네트워크를 형성한다.

10.2 하이퍼큐빅 네트워크

이번 절에서는 일반적으로 살펴볼 만한 중첩 토폴로지를 몇몇 살펴본다.

정의 10.4 (**토폴로지 속성**topology property) 우리의 가상 네트워크는 다음의 속성을 가져야 한다.

- 네트워크는 (어느 정도) **등질**homogeneous해야 한다. 어떠한 노드도 지배적인 역할을 하지 말아야 하며 단일 장애점이어서도 안 된다.

- 노드는 ID를 가져야 하고, ID는 범위 [0, 1)에 속하며 <u>알고리즘 10.1</u>을 통해 해시와 함께 데이터를 저장할 수 있다.

- 각 노드는 작은 **차수**degree(n이 노드의 개수일 때 가능하면 n의 다중로그)를 가

저야 한다. 이는 모든 노드가 각 이웃 노드와 영구적인 연결을 유지할 수 있게 하며 이탈을 다루는 데 도움을 준다.

- 네트워크는 작은 **직경**diameter**1**을 가져야 하며, 라우팅이 쉬워야 한다. 노드가 한 데이터 아이템에 대한 정보를 가지고 있지 않다면, 어느 이웃 노드에 물어볼지 알고 있어야 한다. 몇 번(n의 다중로그)의 홉hop 내로, 정확한 정보를 갖고 있는 노드를 찾을 수 있어야 한다.

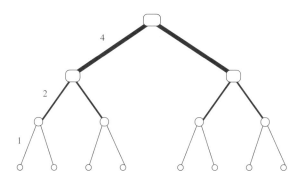

그림 10.5 팻 트리의 구조

부연 설명

- 실무에 사용되는 기본적인 네트워크 토폴로지는 트리, 링, 그리드, 토러스torus 정도이다. 고안된 다수의 다른 네트워크들은 단지 이들의 조합이거나 파생된 것이다.

- 트리의 장점은 라우팅이 매우 쉽다는 것이다. 모든 소스-대상 쌍에 대해 단 하나의 경로만 존재한다. 하지만 트리의 루트가 병목점이기 때문에, 트리는 등질적이지 않다. 대신, 흔히 말하는 **팻 트리**fat tree를 사용해야 한다. 팻 트리의 용량은 노드 v에서 부모 u를 연결하는 모든 간선이 v를 루트로 갖는 서브트리의 리프 노드 개수에 비례한다. 그림 10.5를 참고하라.

---

1 옮긴이_ 네트워크 내에서 각 노드 쌍 간의 최단 거리 중 가장 긴 값

• 팻 트리는 균일하지 않은 용량의 간선들이 효율적이어야 하는 네트워크 군에 속한다. 균일한 용량의 간선을 갖는 네트워크는 구축하기 더 쉽다. 그리드와 토러스가 보통 이 경우에 속한다. 특별한 언급이 없다면, 앞으로 언급될 모든 간선의 용량은 1로 간주한다.

정의 10.6 (**토러스**torus, **메시**mesh) $m, d \in \mathbb{N}$이라 하자. (m, d)**-메시** $M(m, d)$는 노드 집합 $V = [m]^d$와 다음의 간선 집합을 갖는 그래프이다.

$$E = \left\{ \{(a_1, \cdots, a_d), (b_1, \cdots, b_d)\} \mid a_i, b_i \in [m], \sum_{i=1}^{d} |a_i - b_i| = 1 \right\}$$

여기서 $[m]$은 집합 $\{0, \cdots, m-1\}$을 의미한다. (m, d)**-토러스** $T(m, d)$는 (m, d)-메시와 모든 $i \in \{1, \cdots, d\}$와 $a_j \in [m]$ $(i \neq j)$에 대해, 노드 $(a_1, \cdots, a_{i-1}, m-1, a_{i+1}, \cdots, a_d)$에서 노드 $(a_1, \cdots, a_{i-1}, 0, a_{i+1}, \cdots, a_d)$로의 추가적으로 둘러싸인 간선들로 이뤄진다. 달리 말해, 합 내의 수식 $a_i - b_i$에서 절댓값을 계산하기 전에 모듈로 m을 적용한다. $M(m, 1)$은 **경로**path, $T(m, 1)$은 **순환**cycle, $M(2, d) = T(2, d)$는 d**차원 하이퍼큐브**d-dimensional hypercube라 불린다. 그림 10.7은 선형 행렬, 토러스, 하이퍼큐브를 나타낸다.

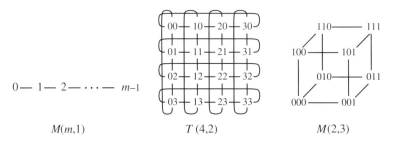

$M(m,1)$ $T(4,2)$ $M(2,3)$

그림 10.7 $M(m, 1)$, $T(4, 2)$, $M(2, 3)$의 구조

부연 설명

- 메시, 토러스, 하이퍼큐브에서 라우팅은 간단하다. d차원의 하이퍼큐브에서, 소스 비트스트링 s에서 타깃 비트스트링 t로 가는 것은 한 번에 하나씩 각 '잘못된' 비트를 고치기만 하면 된다. 달리 말해 소스와 타깃이 k비트만큼 다르다면, k개의 홉을 갖는 $k!$개의 경로가 존재한다.

- 정의 10.4에 의해 요구되는 것처럼, 노드의 d−비트 ID는 범위 $[0,\ 1)$과 연결되어야 한다. 이를 행하는 한 방식은 ID를 10진수 일부의 이진 표현으로 해석하는 것이다. 예를 들어 ID가 101이라면 0.101_2, 즉 10진수로는 $\mathbf{0 \cdot 2^0 + 1 \cdot 2^{-1} + 0 \cdot 2^{-2} + 1 \cdot 2^{-3} = \dfrac{5}{8}}$로 매핑한다.

- 코드^{Chord} 아키텍처는 하이퍼큐브와 매우 유사하며 기본적으로 덜 엄격한 하이퍼큐브라 할 수 있다. 하이퍼큐브는 $[0,\ 1)$의 ID를 갖는 모든 노드를 **정확히** 거리 2^{-i}의 모든 노드와 연결한다($i = 1, 2, \cdots, d$이고 $[0,\ 1)$에 속한다). 코드는 거리가 **대략** 2^{-i}인 노드들을 연결한다.

- 하이퍼큐브는 소위 **하이퍼큐빅 네트워크**$^{\text{hypercubic network}}$라 불리는 많은 파생물을 가진다. 이들 중에 버터플라이, 큐브−커넥티드−사이클, 셔플−익스체인지, 더브라인 그래프가 있다. 기본적으로 하이퍼큐브를 '밀어서 편$^{\text{rolled out}}$' 버터플라이부터 차례로 살펴보겠다.

정의 10.8 (**버터플라이**^{butterfly}) $d \in \mathbb{N}$이라 하자. d**차원 버터플라이**$^{\text{d−dimensional butterfly}}$ $BF(d)$는 노드 집합 $V = [d+1] \times [2]^d$와 간선 집합 $E = E_1 \cup E_2$를 갖는 그래프이며, 다음을 충족한다.

$$E_1 = \{\{(i, \alpha),\ (i+1, \alpha)\} \mid i \in [d],\ \alpha \in [2]^d\}$$

$$E_2 = \{\{(i, \alpha),\ (i+1, \beta)\} \mid i \in [d],\ \alpha, \beta \in [2]^d,\ \alpha \oplus \beta = 2^i\}$$

노드 집합 $\{(i,\ \alpha) \mid \alpha \in [2]^d\}$는 버터플라이의 **레벨**^{level} i를 형성한다고 한다. d**차원 랩어라운드 버터플라이**$^{\text{d−dimensional wrap−around butterfly}}$ $W\text{−}BF(d)$는 $BF(d)$를 취해 모

든 $\alpha \in [2]^d$에 대해 $(d, \alpha) = (0, \alpha)$를 가지는 것으로 정의한다.

부연 설명

- <u>그림 10.9</u>는 3차원 버터플라이 $BF(3)$을 보여준다. $BF(d)$는 노드는 $(d + 1)2^d$개, 간선은 $2d \cdot 2^d$개, 차수는 4이다. 모든 $\alpha \in [2]^d$에 대한 노드 집합 $\{(i, \alpha) \mid i \in [d]\}$를 단일 노드로 조합하여 하이퍼큐브가 되게 하는 것을 쉽게 확인할 수 있다.

- 버터플라이는 하이퍼큐브와 비교하여 일정한 차수를 갖는다는 장점을 지니는 반면, 하이퍼큐브는 장애 허용 라우팅 기능을 갖는다.

- 버터플라이와 유사한 구조로는 정렬^{sorting} 네트워크, 커뮤니케이션 스위치, 데이터 센터 네트워크, 고속 푸리에 변환$^{fast\ Fourier\ transform}$ (FFT) 등이 있다. 베네시 네트워크$^{Bene\check{s}\ network}$ (통신)는 두 개의 버터플라이가 서로 연결되어 있는 형태다. 클로 네트워크$^{Clos\ network}$ (데이터 센터) 또한 버터플라이와 매우 유사하다. 실제로 첫 $d - i$개 비트를 공유하는 레벨 i상의 2^i개의 노드를 단일 노드로 병합하는 것으로 버터플라이는 팻 트리가 된다. 해마다 하이퍼큐빅 네트워크가 완벽한 솔루션인 새로운 애플리케이션이 나온다!

- 다음으로 큐브-커넥티드-사이클 네트워크를 정의하겠다. 노드의 차수는 3이며 하이퍼큐브에서 각 코너^{corner}를 순환^{cycle}으로 대체하여 얻을 수 있다.

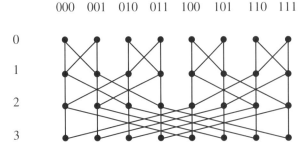

그림 10.9 $BF(3)$의 구조

정의 10.10 (큐브–커넥티드–사이클^{cube–connected–cycle}) $d \in \mathbb{N}$이라 하자. **큐브–커넥티드–사이클 네트워크** $CCC(d)$는 노드 집합 $V = \{(a, p) \mid a \in [2]^d, p \in [d]\}$와 다음 간선 집합을 갖는 그래프이다.

$$E = \Big\{ \{(a, p),\ (a, (p+1) \bmod d)\} \mid a \in [2]^d, p \in [d] \Big\}$$
$$\cup \Big\{ \{(a, p),\ (b, p)\} \mid a, b \in [2]^d, p \in [d],\ |a-b| = 2^p \Big\}$$

부연 설명

• CCC의 가능한 두 표현 방식을 그림 10.11에서 볼 수 있다.

• 셔플–익스체인지는 하이퍼큐빅 상호 연결^{interconnection} 구조를 상수 차수의 네트워크로 변환하는 또 다른 방법이다.

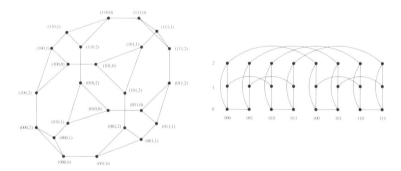

그림 10.11 $CCC(3)$의 구조

정의 10.12 (셔플–익스체인지^{shuffle–exchange}) $d \in \mathbb{N}$이라 하자. d**차원 셔플–익스체인지** $SE(d)$는 노드 집합 $V = [2]^d$와 간선 집합 $E = E_1 \cup E_2$를 갖는 무방향 그래프이며 다음을 충족한다.

$$E_1 = \{\{(a_1, \cdots, a_d),\ (a_1, \cdots, \overline{a}_d)\} \mid (a_1, \cdots, a_d) \in [2]^d,\ \overline{a}_d = 1 - a_d\}$$

$$E_2 = \{\{(a_1, \cdots, a_d),\ (a_d, a_1, \cdots, a_{d-1})\} \mid (a_1, \cdots, a_d) \in [2]^d\}$$

그림 10.13은 3차원 및 4차원 셔플—익스체인지 그래프를 보여준다.

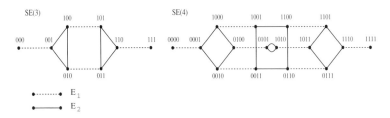

그림 10.13 $SE(3)$과 $SE(4)$의 구조

정의 10.14 (더브라윈$^{\text{de Bruijn}}$**)** b항 d차원 **더브라윈 그래프** $DB(b, d)$는 노드 집합 V = $\{v \in [b]^d\}$와 $v = (v_1, \cdots, v_d)$일 때 $w \in \{(x, v_1, \cdots, v_{d-1}): x \in [b]\}$의 속성을 갖는 모든 간선 $\{v, w\}$를 포함하는 간선 집합으로 이루어진 무방향 그래프 G = (V, E)이다.

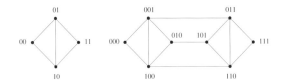

그림 10.15 $DB(2, 2)$와 $DB(2, 3)$의 구조

부연 설명

• 더브라윈 그래프의 두 예제를 그림 10.15에서 볼 수 있다.

• 하이퍼큐빅 네트워크로서의 자격을 갖춘 다른 데이터 구조도 있다. 하이퍼큐빅의 예로는 스킵 리스트가 있는데, 이는 게으른 프로그래머를 위한 자가 균형 이진 탐색 트리$^{\text{balanced binary search tree}}$이다.

정의 10.16 (**스킵 리스트**^{skip list}) **스킵 리스트**는 객체들의 일반 정렬된 연결 리스트 ordinary ordered linked list에 추가적인 순방향 링크를 더한 것이다. 일반 연결 리스트는 스킵 리스트의 레벨 0에 해당한다. 여기에, 모든 객체는 1/2의 확률로 레벨 1에 속하게 된다. 레벨 0에 대해서는, 모든 레벨 1 객체들은 연결 리스트로 연결되어 있다. 일반적으로, 레벨 i상의 모든 객체는 1/2의 확률로 다음 레벨로 올라가게 된다. 특별한 시작–객체^{start–object}는 각 레벨에서 가장 작은/첫 객체를 가리킨다.

부연 설명

• 스킵 리스트에서 검색, 삽입, 삭제는 $O(\log n)$ 기대 시간 내로 구현될 수 있는데, 이는 검색 위치를 넘어설 때^{overshoot} 높은 레벨에서 낮은 레벨로 이동함으로써 가능하다. 또한 각 객체의 분할된 메모리 비용은 상수로, 평균적으로 각 객체가 두 개의 순방향 링크를 갖는다.

• 모든 i에 대해서 레벨 i의 객체 중 상수 비율만큼을 레벨 $i + 1$로 결정론적으로 올림^{promote}으로써 랜덤화를 쉽게 취소할 수 있다. 삽입과 삭제를 할 때 객체 o는 레벨 i에서 좌우측 이웃 노드가 레벨 $i + 1$로 올라갔는지 확인하기만 하면 된다. 근본적으로, 극대 독립 집합^{maximal independent set}(MIS)을 각 레벨마다 수립하는 것인데, 이를 통해 최소 매 3번째, 최대 매 2번째 객체들이 올라간다.

• 스킵 리스트의 변형 중 주목할 것으로는 스킵 그래프^{skip graph}가 있다. 노드들의 절반을 다른 레벨로 올리는 대신, 균형 이진 트리와 마찬가지로 항상 모든 노드를 올린다. 모든 노드는 이진 트리의 루트 레벨의 일부분이다. 각 레벨에서 노드 절반은 좌측으로, 절반은 오른쪽으로 올라간다. 따라서 레벨 i에서 약 $n/2^i$개 객체의 2^i개 리스트(혹은, 마지막 원소를 첫 번째 원소와 다시 연결하면 링^{ring}이 된다)를 가지게 된다. 스킵 그래프는 정의 10.4의 모든 속성을 지닌다.

• 더 일반화해서, 정의 10.4와 연계되어 차수와 직경은 어떠한가? 다음의 정리는 일반적으로 더 낮은 하한을 지닌다.

정리 10.17 최대 차수 $d > 2$와 크기^{size} n인 모든 그래프는 적어도 $\lceil (\log n) / (\log(d-1)) \rceil - 2$의 직경을 가져야 한다.

증명 최대 차수 d와 크기 n을 갖는 그래프를 $G = (V, E)$라고 하자. 노드 $v \in V$에서 시작한다. 첫 번째 단계에서 최대 d개의 다른 노드에 도달할 수 있다. 두 번째 단계에서 추가로 최대 $d \cdot (d-1)$개의 노드에 도달할 수 있다. 따라서 일반화하면 최대 r번째 단계에서 최대 다음 개수만큼의 노드에 노드에 도달할 수 있다(v 포함).

$$1 + \sum_{i=0}^{r-1} d \cdot (d-1)^i = 1 + d \cdot \frac{(d-1)^r - 1}{(d-1)-1} \le \frac{d \cdot (d-1)^r}{d-2}$$

v가 r번의 단계 내에 V 안의 다른 모든 노드에 도달하는 것을 확실히 하기 위해 크기는 적어도 n이어야 한다.

$$(d-1)^r \ge \frac{(d-2) \cdot n}{d} \quad \Leftrightarrow \quad r \ge \log_{d-1}((d-2) \cdot n / d)$$

모든 $d > 2$에 대해서 $\log_{d-1}((d-2)/d) > -2$이므로, $r \ge \lceil (\log n) / (\log(d-1)) \rceil - -2$일 때에만 이 정리는 참이다.

부연 설명

- 다시 말해 상수 차수의 하이퍼큐빅 네트워크는 점근적으로 최적의 직경 D를 갖는다는 특성이 있다.

- 다른 하이퍼큐빅 그래프는 노드 차수 d와 직경 D 간의 트레이드오프가 다르다. 예를 들어 팬케이크 그래프$^{\text{pancake graph}}$는 값들의 최댓값 $\max(d, D) = \Theta(\log n / \log \log n)$을 최소화한다. 직경 d의 팬케이크 그래프에서 노드 u의 ID는 숫자 1, 2, $\cdots$, d의 임의 순열이다. 두 노드 u, v는, 노드 u의 ID를 가지고 해당 ID의 첫 i개 수를 뒤집는 것으로 노드 v의 ID를 얻을 수 있다면 하나의 간선으로 연결되어 있는 것이다. 예를 들어 차원 $d = 4$에서 노드 $u = 2314$와

$v = 1324$는 이웃 노드이다.

- 하이퍼큐빅 네트워크는 아니지만 그럼에도 정의 10.4의 속성과 관련된 다른 흥미로운 그래프들이 있다. 작은 세상 그래프small-world graph (소셜 네트워크에 대한 유명한 표현 방식) 또한 더 작은 직경을 가지지만, 하이퍼큐빅 네트워크과 비교하면 등질하지 않고 큰 차수의 노드들이 특징이다.

- 확장 그래프expander graph (좋은 연결성 속성을 갖는 희소 그래프다. 노드의 너무 크지 않은 부분집합에서 더 큰 노드의 집합으로 연결된다)는 등질하고, 낮은 차수와 작은 직경이 특징이다. 하지만 확장 그래프에서는 종종 라우팅이 불가능한 경우가 생긴다.

10.3 DHT와 이탈

정의 10.18 (**분산 해시 테이블**distributed hash table, DHT) **분산 해시 테이블**은 분산 스토리지를 구현한 분산 데이터 구조이다. DHT는 적어도 (1) (하나의 키에 대한) 검색, (2) (키, 객체)의 삽입 작업, (3) (키) 삭제 작업을 지원해야 한다.

부연 설명

- DHT는 영화를 저장하는 정도 외에도 다양한 애플리케이션이 존재한다. 예를 들어 인터넷 도메인 네임 시스템Domain Name System (DNS)은 근본적으로 하나의 DHT다.

- DHT는 ID 영역을 [0, 1)로 확장할 수 있는 노드 기반의 하이퍼큐빅 중첩 네트워크로 구현될 수 있다.

- 하이퍼큐브는 직접 DHT로 사용될 수 있다. 영화를 d개 비트의 비트스트링으로 매핑하는 잘 알려진 해시 함수 h_i 집합을 사용하기만 하면 된다.

- 다른 하이퍼큐빅 구조는 DHT로 사용될 때 다소 복잡할 수 있다. 예를 들어 버터플라이는 복제를 위해 $d + 1$개의 레이어를 직접 사용할 수 있다. 즉, $d + 1$

개의 모든 노드는 동일한 ID에 대해 책임지고 있다.

- 다른 하이퍼큐빅 네트워크, 예를 들어 팬케이크 그래프 등은 적절한 ID를 찾기 위해 약간의 변형twisting이 필요하다.

- 새로 합류하는 노드는 이미 시스템에 속한 노드를 알고 있다고 가정한다. 이것은 부트스트랩 문제로 알려져 있다. 전형적인 해결책은 다음과 같다. 노드가 이전에 DHT와 연결된 적이 있다면, 이전 노드 중 일부에 연결 시도를 한다. 또는 정기적으로 DHT의 일부가 되는 노드들의 IP 주소(와 포트) 리스트를 특정 권한자에게 요청할 수도 있다.

- 여러 문헌에서 DHT가 임의 노드의 일부를 고장 낼 수 있는 공격자에 대항할 수 있는지 분석했다. 여기서, 몇몇 노드가 고장 난 후 시스템에는 다시 복구할 수 있는 충분한 시간이 주어졌다. 하지만 이는 다소 비현실적이다. 이번 절에서 다룬 스킴은 두 가지 주요한 부분에서 확연하게 차이를 발견할 수 있다.

- 첫째, 네트워크의 합류와 이탈은 최악의 경우에 일어난다고 가정한다. 우리는 정해진 수의 노드를 제거하거나 추가할 수 있는 공격자를 고려했다. 공격자는 어떤 노드를 고장 내고 노드들이 어떻게 합류할 것인지 선택할 수 있다.

- 둘째, 공격자는 노드들의 다음 집단을 고장 내기 전에 시스템이 복구될 때까지 기다릴 필요가 없다. 그 대신, 공격자는 지속적으로 노드들을 고장 낼 수 있으며, 시스템은 계속 동작하기를 시도한다. 실제로 시스템은 **결코 완벽하게 복구되지는 않지만 항상 완벽하게 가동된다.** 특히 시스템은 시스템의 '가장 약한 부분'을 지속적으로 공격하는 공격자에 대해 회복력을 갖추고 있다. 예를 들어 공격자가 DHT에 크롤러를 침투시켜 시스템의 토폴로지를 학습하고 DHT를 분할하기 위해 선정한 노드들을 반복적으로 고장 낼 수 있다. 시스템은 현재 남아 있거나 새로 합류하는 노드들을 지속적으로 공격받는 영역으로 이동시켜 공격자에 맞선다.

- 물론 공격자가 무한대의 능력을 지니게 할 수는 없다. 구체적으로, 어떠한 상수 시간 간격 동안에도 공격자는 최대 $O(\log n)$개의 노드(n은 현재 시스템에 존

재하는 노드의 총 개수)를 추가하거나 삭제할 수 있다. 이 모델은 반복적으로 분산 서비스 거부 공격을 통해 노드를 고장 내는 공격자는 방어하지만, 이는 그 수가 각 시점에 로그 수만큼일 때만 해당된다. 알고리즘은 가동 중인 노드들의 여느 쌍 간에 최대 상수 시간에 맞춰 전달되는 메시지에 기반하며, 이는 곧 동기식 모델이다. 간단한 동기화 장치를 사용하면 이는 문제가 되지 않는다. 이러한 공격자 모델에 적합한 시간 개념을 가지기 위해 제한된 메시지 지연 시간이 필요할 뿐이다. 한 라운드의 지속 기간은 가장 늦은 메시지의 전파 지연 시간에 비례하게 된다.

알고리즘 10.19   DHT

1: 주어진 것: 전역적으로 알려진 해시 함수들 h_i의 집합과 하이퍼큐브(또는 다른 하이퍼큐빅 네트워크)

2: 각 하이퍼큐브 가상 노드('하이퍼노드')는 $\Theta(\log n)$개의 노드로 구성된다.

3: 노드들은 자신의 하이퍼노드의 다른 모든 노드와 연결되어 있고 이웃 하이퍼 노드의 노드들과도 연결된다.

4: 이탈로 인해, 일부 노드들은 상수 인자constant factor까지 다른 하이퍼노드로 변경해서 모든 하이퍼 노드가 항상 동일한 수의 노드를 소유하고 있도록 해야 한다.

5: 노드의 총 개수 n이 특정 임계치 위로 증가하거나 아래로 감소하면, 하이퍼큐브의 직경은 각각 1씩 증가하거나 감소한다.

부연 설명

• 대수logarithmic number 개 노드를 가진 대수 개 하이퍼큐브 이웃이 있다는 것은 각 노드가 $\Theta(\log^2 n)$개의 이웃 노드를 가신다는 의미다. 하지만 이런저런 변형을 가하면 $\Theta(\log n)$개의 이웃 노드를 확보할 수도 있다.

• 하이퍼노드 사이에서의 노드의 균형화는 하이퍼큐브상의 동적 토큰 분배 문제로 볼 수 있다. 각 하이퍼노드는 특정 수의 토큰을 가지며, 해당 그래프의 간선

에 따라 토큰을 분배하여 모든 노드가 동일하거나 거의 동일한 수의 토큰을 가지게 하는 것이 목표이다. 토큰이 여기저기 이동하는 동안 공격자들은 지속적으로 토큰을 삽입하거나 삭제한다. 그림 10.20을 참고하라.

- 요약하자면, 스토리지 시스템은 다음 두 기본적인 요소 위에 구축된다. (1) 앞서 기술한 동적 토큰 분배를 수행하는 알고리즘, 그리고 (2) 시스템의 노드 개수를 예측하고 이에 따라 하이퍼큐브의 직경을 맞추는 데 사용될 정보 취합 알고리즘 두 가지다.

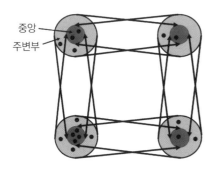

그림 10.20 여러 노드로 이뤄진 4개 하이퍼노드로 이뤄진 2차원 하이퍼큐브. 모든 노드는 중앙core에 있거나 주변부periphery에 위치한다. 동일한 하이퍼노드 내에 위치한 모든 노드는 서로 완전히 연결되어 있으며, 하이퍼노드의 모든 노드는 이웃 노드의 중앙 노드에 연결되어 있다. 중앙 노드만이 데이터 아이템을 저장하며 주변 노드는 악의적인 이탈로 인해 발생한 불균형을 맞추기 위해 이동한다.

정리 10.21 (**이탈 발생 DHT**DHT with Churn) 완전히 확장 가능하고 효율적인 분산 스토리지 시스템은 상수 시간 간격마다 $O(\log n)$개의 합류 및 고장이 발생하는 최악의 경우를 견딜 수 있다. 다른 스토리지 시스템과 같이 노드는 $O(\log n)$개의 중첩 이웃을 가지며 일반적인 동작(검색, 삽입 등)은 $O(\log n)$ 시간이 걸린다.

부연 설명

• 실제로 이탈을 처리하는 것은 분산 스토리지 시스템이 동작하기 위한 최소한의 요건일 뿐이다. 여러 심화 연구에서 다른 보안 이슈, 예로 프라이버시나 비잔틴 공격 등을 처리할 수 있는 더욱 정교한 아키텍처를 제안했다.

챕터 노트

분산 스토리지에 숨은 아이디어는 2000년대에 있었던 P2P 파일 공유 붐 당시 생겨났으며 이 영역에서 수많은 중대한 연구가 P2P 라벨을 붙였다. [PRR97]은 소위 구조화된 수많은 P2P 아키텍처 제안, 예를 들어 코드[Chord][SMK+01], CAN[RFH+01], 패스트리[Pastry][RD01], 바이스로이[Viceroy][MNR02], 카뎀리아[Kademlia][MM02], Koorde[KK03], 스킵 그래프[AS03], 스킵넷[HJS+03], 태피스트리[Tapestry][ZHS+04] 등의 청사진을 펼쳤다. 또한 [PRR97]은 거인의 어깨 위에 올라서 한 걸음 더 나아갔다. 저명한 선구 연구 중 일부는 다음과 같다. 선형적이고 일관된 해싱[KLL+97], 공유 객체 위치 찾기[AP90, AP91], 간결한[compact] 라우팅[SK85, PU88]. 더 선구 연구로는 하이퍼큐빅 네트워크가 있고 [AJ75, Wit81, GS81, BA84] 등이 그 예다.

나아가, 프리픽스 기반의 중첩 구조에 사용 중인 기법들은 [AMD04]에서 제안한 지역 인지[locality-aware] 분산 해시 테이블 LAND와 연관이 있다. 현재 흥미를 모으고 있는 또 다른 주제는 비디오 콘텐츠의 라이브 스트림을 대규모로 분산하는 데에 P2P를 사용하는 것이다[LMSW07]. P2P 컴퓨팅의 입문자를 위한 추천할 도서는 [SW05, SG05, MS07, KW08, BYL08] 등 다수가 있다.

참고 문헌

[AJ75]   George A. Anderson and E. Douglas Jensen. Computer Interconnection Structures: Taxonomy, Characteristics, and Examples. *ACM Comput. Surv.*, 7(4):197– 213, December 1975.

[AMD04] Ittai Abraham, Dahlia Malkhi, and Oren Dobzinski. LAND: stretch (1 + epsilon) locality-aware networks for DHTs. In *Proceedings of the fifteenth annual ACM- SIAM symposium on Discrete algorithms*, SODA '04, pages 550–559, Philadelphia, PA, USA, 2004. Society for Industrial and Applied Mathematics.

[AP90]   Baruch Awerbuch and David Peleg. Efficient Distributed Construction of Sparse Covers. Technical report, The Weizmann Institute of Science, 1990.

[AP91]   Baruch Awerbuch and David Peleg. Concurrent Online Tracking of Mobile Users. In *SIGCOMM,* pages 221–233, 1991.

[AS03]   James Aspnes and Gauri Shah. Skip Graphs. In *SODA,* pages 384–393. ACM/SIAM, 2003.

[BA84]   L. N. Bhuyan and D. P. Agrawal. Generalized Hypercube and Hyperbus Structures for a Computer Network. *IEEE Trans. Comput.*, 33(4):323–333, April 1984.

[BYL08]   John Buford, Heather Yu, and Eng Keong Lua. *P2P Networking and Applications.* Morgan Kaufmann Publishers Inc., San Francisco, CA, USA, 2008.

[GS81]   J.R. Goodman and C.H. Sequin. Hypertree: A Multiprocessor Interconnection Topology. *Computers, IEEE Transactions on*, C-30(12):923–933, dec. 1981.

[HJS+03]   Nicholas J. A. Harvey, Michael B. Jones, Stefan Saroiu, Marvin Theimer, and Alec Wolman. SkipNet: a scalable overlay network with practical locality properties. In *Proceedings of the 4th conference on USENIX Symposium on Internet Technologies and Systems - Volume 4*, USITS'03, pages 9–9, Berkeley, CA, USA, 2003. USENIX Association.

[KK03]   M. Frans Kaashoek and David R. Karger. Koorde: A Simple Degree-Optimal Distributed Hash Table. In M. Frans Kaashoek and Ion Stoica, editors, *IPTPS*, volume 2735 of *Lecture Notes in Computer Science*, pages 98–107. Springer, 2003.

[KLL+97]   David R. Karger, Eric Lehman, Frank Thomson Leighton, Rina Panigrahy, Matthew S. Levine, and Daniel Lewin. Consistent Hashing and Random Trees: Distributed Caching Protocols for Relieving Hot Spots on the World Wide Web. In Frank Thomson Leighton and Peter W. Shor, editors, *STOC*, pages 654–663. ACM, 1997.

[KW08]   Javed I. Khan and Adam Wierzbicki. Introduction: Guest editors' introduction: Foundation of peer-to-peer computing. *Comput. Commun.*, 31(2):187–189, February 2008.

[LMSW07] Thomas Locher, Remo Meier, Stefan Schmid, and Roger Wattenhofer. Push-to-Pull Peer-to-Peer Live Streaming. In *21st International Symposium on Distributed Computing (DISC), Lemesos, Cyprus*, September 2007.

[MM02]   Petar Maymounkov and David Mazières. Kademlia: A Peer-to-Peer Information System Based on the XOR Metric. In *Revised Papers from the First International Workshop on Peer-to-Peer Systems*, IPTPS '01, pages 53–65, London, UK,

UK, 2002. Springer-Verlag.

[MNR02] Dahlia Malkhi, Moni Naor, and David Ratajczak. Viceroy: a scalable and dynamic emulation of the butterfly. In *Proceedings of the twenty-first annual symposium on Principles of distributed computing*, PODC '02, pages 183–192, New York, NY, USA, 2002. ACM.

[MS07] Peter Mahlmann and Christian Schindelhauer. *Peer-to-Peer Networks*. Springer, 2007.

[PRR97] C. Greg Plaxton, Rajmohan Rajaraman, and Andréa W. Richa. Accessing Nearby Copies of Replicated Objects in a Distributed Environment. In *SPAA*, pages 311–320, 1997.

[PU88] David Peleg and Eli Upfal. A tradeoff between space and efficiency for routing tables. In *Proceedings of the twentieth annual ACM symposium on Theory of computing*, STOC '88, pages 43–52, New York, NY, USA, 1988. ACM.

[RD01] Antony Rowstron and Peter Druschel. Pastry: Scalable, decentralized object location and routing for large-scale peer-to-peer systems. In *IFIP/ACM International Conference on Distributed Systems Platforms (Middleware)*, pages 329–350, November 2001.

[RFH+01] Sylvia Ratnasamy, Paul Francis, Mark Handley, Richard Karp, and Scott Shenker. A scalable content-addressable network. *SIGCOMM Comput. Commun. Rev.*, 31(4):161–172, August 2001.

[SG05] Ramesh Subramanian and Brian D. Goodman. *Peer to Peer Computing: The Evolution of a Disruptive Technology*. IGI Publishing, Hershey, PA, USA, 2005.

[SK85] Nicola Santoro and Ramez Khatib. Labelling and Implicit

Routing in Networks. *Comput. J.*, 28(1):5–8, 1985.

[SMK⁺01] Ion Stoica, Robert Morris, David Karger, M. Frans Kaashoek, and Hari Balakrishnan. Chord: A scalable peer-to-peer lookup service for internet applications. *SIGCOMM Comput. Commun. Rev.*, 31(4):149–160, August 2001.

[SW05] Ralf Steinmetz and Klaus Wehrle, editors. *Peer-to-Peer Systems and Applications*, volume 3485 of *Lecture Notes in Computer Science*. Springer, 2005.

[Wit81] L. D. Wittie. Communication Structures for Large Networks of Microcomputers. *IEEE Trans. Comput.*, 30(4):264–273, April 1981.

[ZHS⁺04] Ben Y. Zhao, Ling Huang, Jeremy Stribling, Sean C. Rhea, Anthony D. Joseph, and John Kubiatowicz. Tapestry: a resilient global-scale overlay for service deployment. *IEEE Journal on Selected Areas in Communications*, 22(1):41–53, 2004.

INDEX

INDEX

INDEX

INDEX

INDEX

INDEX

INDEX